DU RÉTABLISSEMENT

DE LA CENSURE

PAR L'ORDONNANCE DU 24 JUIN 1827.

Discours de M. le Vicomte de Chateaubriand, Pair de France, contre le Budget de 1828. Prix, 1 f. 25 c., et 1 f. 50 c. par la poste.

Opinion de M. le Vicomte de Chateaubriand, Pair de France, sur le projet de loi relatif à la Police de la presse. Prix, 2 f., et 2 f. 50 c. par la poste.

Paris. — De l'Imprimerie de Rignoux, rue des Francs-Bourgeois-S.-Michel, n⁰ 8

DU RÉTABLISSEMENT

DE

LA CENSURE

PAR L'ORDONNANCE DU 24 JUIN 1827;

PAR M. LE VICOMTE

DE CHATEAUBRIAND,

PAIR DE FRANCE.

A PARIS,

CHEZ LADVOCAT, LIBRAIRE

DE SON ALTESSE ROYALE LE DUC DE CHARTRES,

QUAI VOLTAIRE, ET AU PALAIS-ROYAL.

......

M DCCC XXVII.

AVERTISSEMENT.

Je livre au public l'ouvrage rapide de quelques heures : j'y joins deux autres opuscules, que je publiai en 1824, lorsqu'on établit la censure pour la première fois. On aura ainsi une vue complète du sujet.

La presse non périodique doit venir au secours de la presse périodique : je ne puis pas plus me taire sur la censure que M. Wilbelforce sur la traite des Nègres. Des écrivains courageux se sont associés pour donner une suite de brochures ; on compte parmi eux des Pairs, des Députés, des Magistrats. Tout sera dit, aucune vérité ne restera cachée. Si certains hommes ne se lassent pas de nous opprimer, d'autres ne se fatigueront pas de les combattre. Je remercie mes concitoyens de la confiance qu'ils me témoignent dans ce

a

moment. J'ái reçu toutes leurs lettres, tous leurs renseignements, tous leurs avis : j'en ai fait et j'en ferai encore usage. Beaucoup d'ouvrages se préparent. M. Salvandy, dont le talent énergique est si connu , fera paroître le mois prochain une brochure sur l'état actuel des affaires. M. Alexis de Jussieu publiera dans quelques jours un écrit sur le même sujet. Ils m'ont prié d'annoncer leurs travaux : je m'en fais un devoir, car il est probable que les feuilles périodiques n'auront pas même la permission de citer *l'intitulé* des ouvrages. Cependant, un titre conçu d'une manière générale constitue-t-il un délit? Voilà comment la censure sur les journaux est exercée, et comment elle nuit au commerce de la librairie : un livre non annoncé est exposé à rester dans les magasins : aussi la librairie est-elle menacée d'une nouvelle crise. Mais qu'importe tout cela à nos hommes d'état et à la stupide et violente faction qui désole la France?

Si les propriétaires des journaux ont d'autres plaintes à porter contre la censure, s'ils jugent que je puisse faire entendre ces plaintes, ils me trouveront prêt à tout. Espérons que les lecteurs soutiendront plus que jamais les feuilles indépendantes de leur patronage : ils ne se laisseront pas décourager si la censure empêche pendant quelques temps, les journaux non salariés de réfléchir l'opinion aussi vivement qu'ils le faisoient. Le *silence politique*, les *blancs*, les *suspensions*, les *procès*, sont des preuves de constance et de zèle qui seront appréciées des amis du trône et de la Charte. Rallions-nous d'un bout de la France à l'autre contre les ennemis de nos libertés : patience et esprit public remporteront la victoire.

ÉPIGRAPHES.

———

On réclama hautement la liberté d'écrire et de publier ses pensées par la voie de l'impression; et la liberté illimitée de penser et d'écrire devint un axiome du droit public de l'Europe, un article fondamental de toutes les constitutions, un principe enfin de l'ordre social.

[Vicomte DE BONALD, *séance des Députés,* 28 *janvier* 1817.]

Aujourd'hui que le Gouvernement peut tout contre le citoyen, ne doit-il pas laisser au citoyen quelque abri contre un pouvoir si illimité? [*Id.*, *ib.*]

Les gens habiles ne sont pas tous dans les conseils; et ceux-ci, placés à une juste distance des objets, ni trop haut ni trop bas, peuvent savoir bien des choses qui échappent à l'attention ou à la préoccupation des hommes en autorité, et leur dire, par la voie des journaux, d'utiles vérités qu'ils ne voudroient pas enfouir dans les cartons d'un bureau, ni soumettre à la censure d'un commis.

Peut-être, au premier instant d'une explosion, les déclamations des journaux ne seroient pas sans quelque danger; mais à la longue, et lorsqu'on a à lutter contre des causes secrètes de désordre, leur silence ne seroit-il pas plus dangereux encore? L'État, si l'on veut, peut être troublé par ce que peuvent dire les journaux, mais il peut périr par ce qu'ils ne disent pas. Il existe un remède très-efficace contre leurs exagérations ou leurs impostures; il n'y en a point contre leur silence.

L'Angleterre a vu le danger, et a voulu s'en préserver en posant en loi la libre circulation des journaux comme la sauvegarde de l'État; elle n'a pas cru que ce fût trop du public tout entier dont les journaux sont les sentinelles, pour servir de contrepoids au pouvoir immense d'un ministère responsable.   [*Id.*, *ib.*]

L'intérêt de la nation étant que les ministres soient éclairés, ils ne doivent pas fermer eux-mêmes la seule voie par laquelle l'opinion véritablement générale peut arriver jusqu'à eux. Y a-t-il beaucoup à craindre des journaux, aujourd'hui qu'ils sont devenus presque la seule lecture des honnêtes gens, et que les écrivains les plus estimables ne dédaignent pas d'y travailler? Sans doute ils écrivent les uns et les autres dans des principes différents : c'est un malheur inévitable, et qui a sa source dans l'opinion des deux principes monarchique et républicain du Gouvernement représentatif, que chacun, suivant son opinion, cherche à entraîner de son côté. Heureuse la nation, dans de telles circonstances, où ce combat n'a pour champ de bataille que les journaux! L'opposition armée n'a cessé en Angleterre que depuis qu'elle est devenue littéraire. L'opposition des journaux amuse les partis et trompe les haines.   [*Id.*, *ib.*]

« Que les représentants d'une nation, chargés de stipuler
» les droits et les garanties de la liberté civile et politique,
» confèrent, par une loi, à des hommes déjà armés du ter-
» rible droit d'emprisonner à volonté tout citoyen qui leur
» sera suspect, le droit plus étendu et plus dangereux d'é-
» touffer toute pensée qui leur sera odieuse, et qu'ainsi les
» ministres, au droit qu'ils ont d'agir seuls ajoutent le droit
» de parler tout seuls, c'est en vérité ce que tout législateur
» trembleroit d'accorder, même lorsqu'il croiroit, comme
» citoyen, la mesure utile. Ne seroit-ce pas compromettre,
» par ce dangereux exemple, la sûreté générale et future de
» l'État, en voulant lui ménager une tranquillité locale et
» temporaire? Et ce roi que la fable représente tenant tous
» les vents à ses ordres, pouvoit exciter moins de tempêtes

» qu'un ministère investi de tout pouvoir sur les corps et sur
» les esprits. »   [*Id.*, *ib.*]

Il est digne de remarque que tous les journaux employés
à grands frais par tous les Gouvernements qui se sont suc-
cédé, n'ont pu, malgré leur influence, en soutenir aucun;
et que les journaux opposés, que la tyrannie a contrariés,
tantôt à force ouverte, tantôt plus sérieusement, ont vu, ont
fait à la fois triompher la cause qu'ils ont constamment dé-
fendue...

Les gens les plus distingués dans les lettres n'ont pas dé-
daigné d'écrire dans les journaux, et y ont défendu avec
courage les principes conservateurs des sociétés... Dès-lors,
une succession non interrompue de journaux amis de l'ordre
a entretenu le feu sacré; ils l'ont entretenu par ce qu'ils disoient, et même par ce qu'ils ne disoient pas, lorsque, for-
cés de se taire, ou même de parler, ils laissoient apercevoir
leurs opinions particulières sous la transparence des opinions commandées. C'est cette opposition constante qui a
conservé toutes les bonnes doctrines qui ont à la fois pré-
valu : car il faut remarquer, à l'honneur de l'esprit national,
que ces journaux sont les seuls qui aient joui d'une vogue
constante, tandis que les autres n'ont pu se soutenir même
avec les secours du Gouvernement; en sorte que l'on peut
dire que le public a fait ces journaux, plus encore que les
journaux n'ont formé le public, *parce que les journaux ex-
priment l'opinion et ne la font pas.* Réflexion juste et profonde
de M. de Brigode, et qui suffiroit à décider la question.

                                        [*Id.*, *ib.*]

Avant que la presse fût libre, les chances en étoient moins
assurées, parce que le pouvoir qui laissoit une libre carrière
aux mauvaises doctrines avoit soin d'enchaîner les bonnes.
Vainement les royalistes avoient-ils réclamé, dans l'intérêt
public, cette liberté dont ils sentoient le prix ; il leur a fallu
du temps, beaucoup de temps pour la posséder, parce que

(xij)

leurs adversaires en redoutoient l'effet. Enfin, la faculté d'é-
crire, arrachée plutôt qu'obtenue, a muni les amis de la
royauté d'armes égales à celles des ennemis qui veulent la
détruire, et bientôt le nombre des lecteurs de chaque opinion a montré l'étendue de leurs forces relatives.

[M. le marquis d'HERBOUVILLE,
Conservateur, t. vi, p. 62-63.]

N'a-t-on pas vu naguère que les journaux tombés sous le
joug du despotisme étoient devenus des instruments d'oppression et de servitude? C'est la meilleure preuve du danger de subjuguer les journaux.

[M. CORBIÈRE, *séance des Députés*,
29 *janvier* 1817.]

Supprimer un journal, c'est ruiner le propriétaire; et cependant on se joue avec une cruelle indifférence de cette
propriété. Le propriétaire est ruiné, sans même qu'on puisse
lui imputer le plus souvent une faute réelle.

[*Id., ib.*]

« Si le ministre obtient le droit de donner ou de refuser
» arbitrairement l'autorisation aux journaux de paroître, il
» pourra la rendre onéreuse aux uns, la donner gratuitement
» aux autres, en favoriser quelques-uns, pour les mettre en
» mesure de se soutenir contre l'opinion; il pourra user des
» moyens les plus contraires aux droits garantis à tous les
» Français par les articles 1 et 2 de la Charte. »

[M. DE VILLÈLE, *séance des Députés*,
27 *janvier* 1817.]

DU RÉTABLISSEMENT

DE

LA CENSURE

au 24 juin 1827.

Paris, ce 30 juin 1827.

Mon pays n'aura rien à me reprocher : resté le dernier sur la brèche, j'ai fait à la Chambre héréditaire le devoir d'un loyal Pair de France ; je remplis maintenant celui d'un simple citoyen ; il m'en coûte : déjà rentré dans mes paisibles travaux, je revoyois mes vieux manuscrits, je voyageois en Amérique : *Desertas quærere terras.* Rappelé subitement de la terre de liberté, je reviens défendre cette liberté dans ma patrie, comme jadis j'accourus de cette même terre pour me ranger sous le drapeau blanc.

En quittant la tribune de la Chambre des Pairs, le 18 de ce mois, je prononçai ces mots :

« Je vous dirai, messieurs, que ceux dont l'es-
» prit d'imprudence inspira le projet de loi contre

1

» la liberté de la presse n'ont pas perdu courage.
» Repoussés sur un point, ils dirigent leur atta-
» que sur un autre; ils ne craignent pas de dé-
» clarer à qui veut les entendre que la censure
» sera établie après la clôture de la présente
» session.

» Mais, comme une censure qui cesseroit de
» droit un mois après l'ouverture de la session
» de 1828 seroit moins utile que funeste aux
» fauteurs du système, ils songeroient déjà au
» moyen de parer à cet inconvénient : ils s'occu-
» peroient, pour l'an prochain, d'une loi qui
» prolongeroit la censure, ou d'une loi à peu
» près semblable à celle dont la couronne nous
» a délivrés.

» La difficulté, messieurs, seroit de vous faire
» voter un travail de cette nature, si, d'ailleurs,
» il étoit possible de déterminer les ministres eux-
» mêmes à l'accepter. Vous n'avez pas de com-
» plaisance contre les libertés publiques. Quel
» moyen auroit-on alors de changer votre majo-
» rité? Un bien simple, selon les hommes que
» je désigne : obtenir une nombreuse création
» de Pairs.

» Avant de toucher ce point essentiel, jetons
» un regard sur la censure.

» Les auteurs des projets que j'examine en ont-
» ils bien calculé les résultats? Quand on établi-

» roit la censure entre les deux sessions, si cette
» censure, décriée par les ministres eux-mêmes,
» ne produisoit rien de ce que l'on veut qu'elle
» produise; si elle n'avoit fait que multiplier les
» brochures; si le ministère avoit brisé le grand
» ressort du gouvernement représentatif, sans
» avoir amélioré les finances, sans avoir calmé
» l'effervescence des esprits; si, au contraire, les
» haines, les divisions, les défiances s'étoient aug-
» mentées; si le malaise étoit devenu plus géné-
» ral; si l'on avoit donné une force de plus à
» l'opposition, en lui fournissant l'occasion de
» revendiquer une liberté publique, comment
» viendroit-on demander aux Chambres la con-
» tinuation de cette censure? On conçoit que,
» du sein de la liberté de la presse, on réclame
» la censure sous prétexte de mettre un frein à
» la licence; mais on ne conçoit pas que, tout
» chargé des chaînes de la censure, on sollicite
» la censure, lorsqu'on n'a plus à présenter pour
» argument que les flétrissures de cette oppres-
» sion.

» L'abolition de la censure, le retrait de la loi
» contre la liberté de la presse, sont des bienfaits
» de Charles X; rien ne seroit plus téméraire que
» d'effacer par une mesure contradictoire le sou-
» venir si populaire de ces bienfaits. Et quelle
» pitié d'établir au profit de quelques intérêts

1.

» particuliers une censure qu'on n'a pas cru
» devoir imposer pendant la guerre d'Espagne,
» lorsque le sort de la France dépendoit peut-
» être d'une victoire! Nous nous sommes confiés à
» la gloire de Mgr le Dauphin; il n'est pas aussi
» sûr, j'en conviens, de s'abandonner à toute
» autre gloire; mais enfin que MM. les ministres
» aient foi en eux-mêmes; qu'ils nous épargnent
» la répétition des ignobles scènes dont nous
» avons trop souffert. Reverrons-nous ces censeurs
» proscrivant jusqu'aux noms de tels ou tels
» hommes, rayant du même trait de plume et
» les éloges donnés aux vertus de l'héritier du
» trône, et la critique adressée à l'agent du
» pouvoir?

» Après avoir été témoins des transports popu-
» laires du 17 avril, on ne peut plus nier l'amour
» de la France pour la liberté de la presse. Dans
» quels rangs pourriez-vous donc trouver aujour-
» d'hui des oppresseurs de la pensée? parmi des
» fanatiques qui courroient à la honte comme au
» martyre, et parmi des hommes vils qui met-
» troient du zèle à gagner en conscience le mépris
» public. »

Me trompois-je dans les projets que j'annon-
çois? Mes frayeurs étoient-elles vaines? La haine
ou la vérité dictoient-elles mes paroles?

Du moins un avantage me reste sur mes adver-

saires : point n'ai renié mes opinions; je suis ce
que j'ai été; je vais à la procession de la Fête-
Dieu avec le *Génie du Christianisme*, et à la tribune avec la *Monarchie selon la Charte*. Comme
Pair, j'ai prononcé plusieurs discours en défense
de la liberté de la presse : j'ai écrit cent fois pour
cette liberté dans le *Conservateur* et dans d'autres ouvrages. Pourquoi cette énumération? pour
me vanter, pour me citer avec complaisance?
Non : pour répondre à ces hommes qui, ayant
trahi leur premier sentiment, veulent mettre
leurs variations sur le compte des autres; à ces
hommes qui s'écrient : « Vous marchez! » quand
vous êtes immobile, ne s'apercevant pas que ce
sont eux qui passent, et qui se figurent, en chan-
geant de place, que l'objet offert à leurs regards
s'est déplacé.

La liberté de la presse est devenue un des premiers intérêts de ma vie politique : j'en ai fait
l'objet de mes travaux parlementaires. J'ose dire
que ma position sociale, les opinions royalistes
et religieuses que je professe donnent à mes
paroles quelque crédit, lorsque je réclame cette
liberté : on ne peut pas dire que je suis un révolutionnaire, un impie; on le dit, il est vrai, aujour-
d'hui; mais ce qu'il y a de curieux, c'est que ces
obligeans propos sont tenus par les jacobins à
la solde de ce prétendu parti religieux et royaliste,

lequel j'ai poussé au pouvoir, en lui apprenant à bégayer, contre nature, la Charte et la liberté.

Il ne peut plus être question de poser les principes de la liberté de la presse; leur substance se trouve dans les épigraphes que j'ai mises à la tête de cet écrit. La monarchie représentative sans la liberté de la presse est un corps privé de vie, une machine sans ressort. Au commencement de l'Empire, des pièces d'argent avoient d'un côté ces mots : *Napoléon empereur*, et de l'autre côté : *République française*. Buonaparte frappoit ses monnoies au coin de la gloire, et elles avoient cours. Sous un gouvernement constitutionnel régi par la censure, on pourroit graver des médailles portant dans l'exergue : *Liberté*, et au revers : *Police*. Qui voudroit prendre ce faux billon à l'effigie du ministère?

Laissons donc des principes avoués même par ceux qui les violent, et examinons les ordonnances du 24 de ce mois.

Elles sont sans préambule : l'ordonnance de la première censure étoit précédée d'un considérant accusateur des tribunaux. Les sycophantes du ministère firent entendre ensuite que cette insulte à la magistrature n'étoit que *pour rire*, et que l'approche de la mort du vénérable auteur de la Charte avoit été la vraie cause de l'établissement de la censure. On plaça la perte de la première des libertés publiques entre une offense et une douleur.

De quel considérant aurait-on pu accompagner les nouvelles ordonnances?

Des illuminations avoient brillé dans toute la France pour le retrait du projet de loi sur la liberté de la presse : auroit-on pu dire que cette *circonstance grave* obligeoit de les éteindre avec la censure?

La Garde nationale crie : Vive le Roi! Quelques voix isolées élèvent un cri inconvenant contre les agents du pouvoir : la Garde nationale est licenciée; on reçoit à Meaux la monnoie de ce licenciement. Auroit-il été convenable de faire de ces faits la raison du rétablissement de la censure?

Un déficit se rencontroit dans les recettes des premiers mois de l'année : étoit-ce là un bon prétexte pour suspendre la liberté de la presse?

Enfin, auroit-on pu déclarer qu'il falloit une ordonnance de censure, parce que les Ministres ne peuvent marcher avec la liberté de la presse? Des ordonnances sans considérant étoient donc ce qu'il y avoit de mieux.

La première remet en vigueur les lois du 31 mars 1820 et du 26 juillet 1821.

Le ministère est investi de ce droit par l'art. 4 de la loi du 17 mars 1822, ainsi conçu : « Si dans » l'intervalle des sessions des Chambres, des cir-

» constances graves rendoient momentanément
» insuffisantes les mesures de garantie et de ré-
» pression établies, les lois des 31 mars 1820 et
» 26 juillet 1821 pourront être remises immédia-
» tement en vigueur, en vertu d'une ordonnance
» du Roi délibérée en conseil et contresignée par
» trois ministres.

» Cette disposition cessera de plein droit un
» mois après l'ouverture de la session des Cham-
» bres, si pendant ce délai elle n'a pas été con-
» vertie en loi.

» Elle cessera pareillement de plein droit le
» jour où seroit publiée une ordonnance qui pro-
» nonceroit la dissolution de la Chambre des Dé-
» putés. »

Ainsi, pour imposer la censure il faut des *circonstances graves* qui rendent *momentanément
insuffisantes les mesures de garantie et de répression établies.*

Et où sont-elles les *circonstances graves ?* Des
troubles ont-ils éclaté ? l'impôt ne se perçoit-il
plus ? des provinces se sont-elles soulevées ? a-t-on
découvert quelque conspiration contre le trône ?
sommes-nous menacés d'une guerre étrangère,
bien qu'il soit prouvé que M. le Dauphin n'a pas
besoin de censure pour obtenir des triomphes ?
Si ces *circonstances graves* sont advenues, elles
ne se sont pas déclarées tout à coup, le lendemain

de la clôture de la session; elles existoient sans doute lorsque les Pairs et les Députés étoient encore assemblés : pourquoi n'en a-t-on pas parlé aux Chambres? les Ministres n'ont-ils pas été interpellés sur leurs projets? pourquoi n'ont-ils pas répondu? Si leurs desseins ne pouvoient supporter l'épreuve d'une discussion parlementaire, les circonstances n'étoient donc pas assez *graves* pour justifier la censure? Nous parlera-t-on du trône, de la religion, des insultes personnelles? les tribunaux sont là.

Le trône est trop élevé pour craindre les insultes : il s'agit bien moins de le mettre à l'abri que de rendre la royauté aussi douce, aussi populaire qu'elle l'est en effet : je ne connois rien qui s'entende mieux dans ce monde qu'un Roi de France et son peuple, quand des ministres insensés ne viennent pas troubler cette union.

Il ne s'agit pas d'empêcher qu'on parle légèrement du clergé; il faut nourrir les prêtres, les secourir quand ils sont vieux et malades, les mettre à même de déployer leurs vertus, de faire aimer une religion de miséricorde et de charité.

Il ne s'agit pas de prévenir les attaques personnelles : on ne diffame que ce qui peut être diffamé. Un honnête homme se défend par son propre nom, et accepte la responsabilité de sa vie. Si le vice impudent émousse l'action de la presse, il seroit étrange que la vertu patiente n'eût pas le même pouvoir.

Vous avez détruit la liberté de la presse : multipliez les espions. La censure est aujourd'hui, dans tous les sens, une véritable conspiration contre le trône.

Pour quiconque a la moindre bonne foi, il est évident que la censure a été rétablie dans le seul intérêt d'une incapacité colérique; c'est pour une si noble nécessité que l'on attaque la Charte dans ses fondements, que l'on retire à la France des droits déjà confirmés par une possession paisible : il est dur d'en être là, après treize années de restauration.

Je n'insiste pas davantage : il est trop aisé d'ergoter sur la *gravité* des circonstances : chacun la voit dans la chose qui le touche. Un censeur soutient que les *circonstances sont graves*, parce qu'il veut que l'on mette les libertés publiques en régie; l'espion trouve que les *circonstances sont graves*, lorsque tout se dit publiquement et qu'il n'a plus rien à dénoncer; les *circonstances sont graves* aux yeux du sot dont on rit, de l'hypocrite qu'on démasque, de l'homme déshonoré qui redoute la lumière. Faut-il pour les assouvir leur livrer l'indépendance nationale? De quoi vivent les nations? de liberté et d'honneur : ne jetons pas aux chiens le pain des peuples et des rois.

Disons pourtant que tout le monde est frappé
d'une certaine crainte de l'avenir, dans laquelle on
pourroit voir une gravité des circonstances. Mais
qui cause cette crainte? l'administration : l'inquié-
tude tient uniquement à ses actes. Toujours menaçant nos libertés, on se figure qu'elle les veut
faire disparoître; on se demande ce que l'on deviendroit si nos institutions étoient renversées;
on tremble également de l'idée des attaques et
des résistances. Pour guérir un mal qui est en
elle, que fait l'administration? elle impose la censure : c'est diriger le vent sur un incendie.

Passons à la seconde ordonnance.

Je ne m'arrête pas aux deux noms propres
placés dans une ordonnance réglémentaire. Des
erreurs de cette nature sont si fréquentes au ministère de l'intérieur que cela ne vaut pas la peine
d'en parler.

La censure facultative est dans l'art. 4 de la
loi du 17 mars 1822; le ministère a donc eu le
droit, si les circonstances sont graves, de mettre la
censure par la première ordonnance, et consé-
quemment de nommer des censeurs. Mais la seconde ordonnance rétablit le conseil de surveillance autorisé pour une loi abolie : cela se peut-il?
je ne le nie, ni ne l'affirme : il y a matière à con-
testation.

Veut-on que ce conseil, né d'une ordonnance,
et non d'une loi, ne soit qu'une commission chargée

de surveiller les censeurs eux-mêmes? Comment alors cette commission connoîtra-t-elle avec autorité compétente de la suppression provisoire d'un journal?

Voici quelque chose de plus étrange : l'art. 9 de l'ordonnance dit : « Quand il y aura lieu, en » exécution de l'art. 6 de la loi du 31 mars 1820, » à la suppression provisoire d'un journal ou » écrit périodique, elle sera prononcée par *nous* » sur le rapport de notre Garde-des-sceaux. »

Quoi! c'est le Roi qui ordonnera la suppression provisoire d'un journal! c'est la royauté que l'on fera descendre à un pareil rôle! c'est la couronne qui s'abaissera à des fonctions de cette nature! c'est le pouvoir suprême qui luttera corps à corps avec la première de nos libertés! Ministres, y avez-vous bien pensé?

Que dit l'art. 6 de la loi du 31 mars 1820? Il dit : « Lorsqu'un propriétaire ou éditeur respon- » sable sera poursuivi, en vertu de l'article précé- » dent, le *Gouvernement* pourra prononcer la sus- » pension du journal ou écrit périodique jusqu'au » jugement. »

Que faut-il entendre par ce mot *Gouvernement?* Il faut entendre la Couronne, les deux Chambres, les juges inamovibles : pourroit-on jamais soutenir que le *Gouvernement est la Personne royale toute seule?* En Turquie, peut-être. Cette personne sacrée est-elle un juge qui prononce dans des cas infimes, en police correctionnelle? La Couronne exécutant les propositions de sentence élaborées dans un tripot de censeurs! la Couronne, qui seule a le droit de faire grâce, ajoutant par la suspension d'un journal aux rigueurs d'une loi d'exception! Et si les tribunaux venoient ensuite à absoudre la feuille incriminée, le Roi seroit donc condamné? Ministres, encore une fois, y avez-vous bien pensé? On se sent comme oppressé par un mauvais songe.

Une troisième ordonnance nomme les membres du conseil de surveillance.

Ce n'est pas sans le plus profond étonnement et la plus profonde douleur, qu'on y lit les noms de trois Pairs et de trois Députés. Je soutiens, sans hésiter, que des Pairs et des Députés ne peuvent pas être investis de pareilles fonctions, sans y être formellement contraints en vertu d'un acte législatif. Ceux qui discutent et votent les lois, ceux qui sont les défenseurs naturels des libertés publiques, les gardiens de la constitution, ne sont pas aptes et idoines à composer une commission administrative de censure, uniquement établie par ordonnance. En prêtant leur serment comme Pairs et comme Députés, ils ont juré de maintenir la Charte; il leur est donc moralement interdit de faire partie d'un conseil, créé pour la mise en vigueur d'une mesure qui suspend le plus sacré des droits accordés par cette Charte.

Les opinions particulières ne font rien à la question. Des Pairs et des Députés peuvent manifester à la tribune et dans leurs écrits ce qu'ils pensent contre la liberté de la presse ; mais prendre une part active contre cette liberté, voilà ce qui ne leur est pas permis. Ce serait bien pis dans le cas où leurs fonctions ne seroient pas gratuites, et où ils recevroient le prix d'une liberté : on assure que la France n'aura pas à rougir de ce dernier scandale. Si la presse pouvoit être enchaînée en Angleterre, je ne doute point que des lords et des membres des communes, volontairement ravalés jusqu'à des fonctions de censeurs, ne fussent admonétés par leurs chambres respectives à l'ouverture de la session : il y a des bienséances qui ont force de devoir.

Dans la position des Pairs et des Députés membres du conseil de surveillance, tout est inconvénient et péril. Qu'un journal imprime, par exemple, les passages de discours servant d'*épigraphes* à cette brochure : les censeurs subalternes ne reconnoissant pas l'ouvrage de leurs supérieurs, croiroient ne pas avoir assez d'encre pour effacer ces effroyables lignes. Leur travail seroit porté au conseil de surveillance : que diroit le conseil ?

Il y a toutefois des consolations à des choses

affligeantes : MM. Caix et Rio ont donné leur démission.

Le premier est un jeune professeur d'histoire,
de beaucoup de savoir, d'un esprit très-distingué,
et qui a plus de mérite que de fortune. Il a joué
sa place contre l'estime publique : c'est risquer
peu pour gagner beaucoup.

Le second est pareillement un jeune professeur
plein de talent : une illustration toute particulière
le distingue. Pendant les cent-jours, dans la terre
du royalisme, apparut tout à coup une armée
d'enfants : les vieux avoient vingt ans, les jeunes
en avoient quinze.

Tout ce qui se trouvoit entre ces deux âges,
parmi les élèves du collége de Vannes, échangea
ce qu'on peut posséder au collége de quelque
valeur, contre des armes, et courut au combat.
Quinze ou vingt élèves furent tués : les mères
apprirent le danger en apprenant la mort et la
gloire.

Une ordonnance royale constate ces faits : cette
gloire de l'enfance est rappelée chaque année,
selon le dispositif de cette ordonnance, dans une
enceinte où l'on ne célèbre ordinairement que
des triomphes paisibles : ce n'est pas loin du
monument de Quiberon. Les trois officiers de
cette singulière armée ont reçu la croix de la
Légion-d'Honneur. M. Rio est un de ces trois

officiers. C'est à un pareil homme que le ministère a proposé la honte : il l'a refusée.

La conduite de ce jeune professeur est une preuve de plus qu'on peut être fidèle à son prince, royaliste jusqu'au plus grand dévouement, religieux jusqu'au martyre, sans cesser d'aimer les libertés publiques.

On assure encore que M. Cuvier n'a pas accepté la place dans le conseil de surveillance. M. Cuvier a respecté sa renommée; il a voulu la garder tout entière. Gloire aux lettres et aux sciences qui n'ont point trahi leur propre cause, qui se sont senties trop nobles pour porter la livrée d'un ministère, pour exécuter ses hautes-œuvres [1] !

Je ne parle point des autres censeurs, ils ne sont plus que quatre. Quatre opérateurs suffisent-ils pour expédier tant de patients ? Il y

[1] J'apprends à l'instant, en corrigeant mes épreuves, que MM. Fouquet et de Broë, et M. le marquis d'Herbouville, ont imité les nobles exemples qui leur avoient été donnés. L'esprit de la pairie et de la magistrature françoise devoit se retrouver tout entier. Il n'y a donc plus que trois censeurs et sept membres du conseil de surveillance. Espérons dans la contagion du bien : elle se propage facilement en France. Le *Précurseur*, journal de Lyon, annonce qu'on n'avoit pu trouver encore de citoyens réunissant les qualités nécessaires pour exercer les fonctions de censeur. A Troyes, les ordonnances du 24 juin étoient sans exécution le 27.

auroit donc des garçons censeurs, des adjoints secrets, des amateurs de police dont la récompense est dans le secret promis à leur nom. Ce syndicat anonyme auroit bien de la peine à soutenir le crédit de la censure, et à escompter le mépris public.

Maintenant examinons l'esprit et la marche de la nouvelle censure.

Cette censure se montre sous un jour nouveau; son caractère est doucereux, mielleux, patelin; elle a l'air d'être la fille du bon M. Tartufe. « Hé, mon Dieu ! vous direz tout ce que vous » voudrez ; on ne s'opposera qu'à ce qui pour- » roit blesser la religion, le trône et les mœurs. » Nous aimons tant la religion et le trône, que » nous n'avons jamais trahis ! Nos mœurs sont si » pures ! faites de l'opposition tant qu'il vous » plaira, vous êtes entièrement libre sur la poli- » tique ; attaquez les ministres avec leur permis- » sion ; nous savons qu'il n'y a point de gouver- » nement représentatif sans la liberté de la presse, » et c'est pourquoi nous établissons la censure. » La censure est l'âge d'or de la liberté de la » presse. »

Tel est l'esprit de cette nouvelle censure : la naïve insolence de l'article du *Moniteur*, du 26 juin, prouve que nous restons même en-deçà de vérité.

2 ,

Je remarque d'abord une date singulière. Le manifeste ministériel, où le vrai considérant des ordonnances du 24 juin de cette année, fait remonter ce qu'il appelle *la licence de la presse* au mois de juin 1824. Il revient plusieurs fois sur cette date; il parle de la *presse opposante* depuis 1824; il dit que depuis *trois* ans la presse a jeté des *nuages fantasmagoriques;* il redit en finissant, le mal causé depuis *trois ans* par la licence de la presse.

Frappé de cette date précise, de cette extrême insistance, je me suis demandé ce qui étoit arrivé de si extraordinaire au mois de juin 1824, ce qui pouvoit causer la préocupation évidente de l'interprète des ministres. En me creusant la tête, et ne trouvant rien du tout dans ce mois de juin 1824, j'ai été obligé de me souvenir d'un événement fort ordinaire, fort peu digne d'occuper le public, ma sortie du ministère.

- Si par hasard le jour de la Pentecôte, 6 juin 1824, avoit obsédé la mémoire de l'écrivain semi-officiel, c'est donc moi qui depuis trois ans serois la cause de *la licence de la presse ?*

En rassemblant mes idées, je me souviens en effet, qu'au moment de l'imposition de la censure, en 1824, *on déclara qu'on ne pouvoit aller ni avec moi ni sans moi.* Que faudroit-il conclure de ces dires ? que je faisois la paix

de la presse quand j'étois auprès du gouvernement; que je ralliois à la couronne les diverses
opinions par mon côté religieux et royaliste, et
par mon côté constitutionnel?

Hors du conseil du Roi j'aurois donc été suivi
par tout ce qui s'attache aux doctrines de légitimité, de religion et de liberté que je professe
invariablement. J'aurois donc tout brouillé, tout
détaché de l'autorité; j'aurois donc excité les tempêtes, et ne pouvant m'arracher l'opinion que je
soulève, force est de la bâillonner encore une fois.

Si tout cela étoit véritable, on eût été bien
mal avisé de méconnoître et de reconnoître à la
fois mon *pouvoir;* ou on auroit commis une
grande faute, en me précipitant du ministère
aussi grossièrement qu'on eût chassé le dernier
des humains. Telles sont les conséquences que
mon amour-propre pourroit tirer des aveux de mes
adversaires; grâce à Dieu, je ne suis pas assez fat
pour me supposer une telle puissance. Si j'ai
quelque force, je ne la tire que de la fixité de
mes opinions et surtout des fautes de ces hommes
qui compromettent tous les jours le trône,
l'autel et la patrie.

Après avoir fixé la date de la licence, le *Moni-*
teur déclare que les écrivains de l'opposition pré-
voyoient depuis un mois la censure, parce que le
mot de censure *était écrit dans leur conscience.*

2.

Tout le monde, non pas depuis un *mois*, mais depuis plus de *deux années*, annonçoit la perte de la plus *vitale de nos libertés*, parce qu'on n'ignoroit pas que M. le président du conseil avoit écrit un ouvrage en faveur du rétablissement de l'ancien régime, parce que l'on savoit que le ministère étoit trop foible pour marcher avec les libertés publiques, et parce qu'en multipliant les fautes et les projets, il avoit besoin de silence et de voile.

Le *Moniteur* nous dit que *pendant cinq années de liberté de presse l'autorité s'est refusée constamment à désespérer du bon sens national.*

Et c'est parce que *le bon sens national* a approuvé pendant cinq années la liberté de la presse, que *l'autorité a désespéré de ce bon sens,* et qu'elle a fini par mettre ce fou dans la *chemise de force* de la censure! Et c'est ainsi que le *bon sens* des Ministres traite le *bon sens national!* C'est la misère même en délire : Buonaparte dans toute sa puissance, n'auroit pas osé insulter ainsi la nation.

Pendant cinq années *des travaux ont été laborieusement suivis à travers les difficultés que la licence des écrits suscitoit sans cesse autour des projets les plus éclairés.* (Moniteur.)

Les projets les plus éclairés! Quels projets! le trois pour cent, le syndicat, la cession de Saint-

Domingue par ordonnance et sans garantie de paiement, les avortons de lois? Mais ce ne sont pas les journaux qui ont rejeté ou refait les projets de lois ; ce sont les Chambres à qui le *Moniteur* donne des éloges, offrant en exemple *l'ordre admirable qui règne dans les discussions parlementaires.*

Les gazettes prétendroient-elles au privilége d'être moins constitutionnelles, moins légales que les Chambres? (Moniteur.)

Qu'est-ce qu'il y a de commun dans les principes de la matière, entre les gazettes et les Chambres? Rien, si ce n'est la liberté de la parole, garantie à tous par la Charte. Or, met-on la censure sur la parole des orateurs? Il me semble cependant, qu'on a dit aux ministres dans les Chambres, tout aussi énergiquement que dans les journaux, qu'ils perdoient la France, qu'ils méritoient d'être mis en accusation. Les feuilles périodiques ont-elles témoigné plus de mépris aux agents du pouvoir que n'en a répandu sur eux cette phrase d'un éloquent député? « Conseillers » de la couronne, auteurs de la loi, connus ou in- » connus, qu'il nous soit permis de vous le deman- » der : Qu'avez-vous fait jusqu'ici qui vous élève » à ce point au-dessus de vos concitoyens, que » vous soyez en état de leur imposer la tyrannie?

» Dites-nous quel jour vous êtes entrés en pos-

» session de la gloire, quelles sont vos batailles
» gagnées, quels sont les immortels services que
» vous avez rendus au Roi et à la patrie. Obscurs
» et médiocres comme nous, il nous semble que
» vous ne nous surpassez qu'en témérité. La ty-
» rannie ne sauroit résider dans vos foibles mains;
» votre conscience vous le dit encore plus haut
» que nous [1].

Un peu plus loin le *Moniteur* appelle l'administration un *pouvoir constitutionnel.* Le mot est
curieux : il prouve comment les publicistes du
ministère entendent la Charte.

*Les résultats de la censure telle que la voilà...
paroissent si peu incertains aux vrais amis de
la liberté de la presse, que pour eux le triomphe
de celle-ci ne date que de ce jour....... La
censure ne laissera subsister que les réalités.* (Moniteur.)

Ainsi, c'est la *censure* qui est la *liberté de la
presse.* A merveille! N'est-ce pas là le *pieux guet-
apens* de Pascal?

La censure ne laissera subsister que les réalités;
ajoutez *ministérielles,* et le sens de la phrase sera
complet.

Le *Moniteur* porte ensuite un défi à l'opposition : il l'appelle en champ clos, bien entendu

[1] Discours de M. Royer-Collard sur le projet de loi de
la presse, 14 février 1827.

qu'il combattra cuirassé de la censure, et que
l'opposition toute nue, sera menacée des ciseaux
des censeurs.

Les ministres, par l'organe de leur champion,
qui se promène bravement dans la solitude du
Moniteur en attendant les passants, s'étendent
sur la garantie qu'offre la composition du conseil
de surveillance. Tout en respectant le caractère
des hommes, en rendant hommage à leurs vertus
privées, ce ne sont pas des partisans avoués du
pouvoir absolu, qui pensent rassurer les citoyens
sur les libertés publiques.

Si le conseil de surveillance n'est pas rempli
des créatures des ministres, il l'est et le doit être
de leurs amis; il est naturel que l'autorité choi-
sisse des hommes dans ses opinions.

En dernier résultat, le ministère est tout dans
cette affaire, puisqu'il peut nommer et changer
à son gré les membres d'un conseil dont les places
ne sont pas inamovibles. N'est-ce pas un ministre,
n'est-ce pas M. le garde-des-sceaux qui instru-
mente dans les cas graves, après avoir pris seulement l'*avis* du conseil de surveillance? Ce conseil n'est au fond qu'une imitation de la commission de la liberté de la presse, placée par
Buonaparte auprès du Sénat : il produira le
même bien; on écrira tout aussi librement que
dans le bon temps de M. Fouché.

Le Monstesquieu du *Moniteur* termine son apologie par cette phrase digne du reste : « *Les amis* » *véritables de la liberté de la presse se croient* » *affranchis, par les ordonnances du* 24 *juin,* » *d'une insupportable tyrannie qui pesoit sur le* » *pays, et ils ne voient que l'émancipation de la* » *liberté dans la censure de la licence.* »

Rien de si commun dans l'histoire de la politique que les consolations dérisoires offertes à la victime : c'est toujours pour leur plus grand bien que l'on a opprimé les hommes.

Un député ministériel, argumentant contre une proposition faite par un membre de l'opposition, disoit que cette proposition étoit renouvelée de Robespierre. Puisque les hommes qui nous combattent se permettent ces comparaisons odieuses, qu'il soit permis de dire, avec plus de justesse, que l'article du *Moniteur* ressemble à ces fameux récits d'un rhétoricien tout aimable, tout sensible, tout doux, qui prenoit les malheurs du beau côté : récits que ses contemporains appeloient, à ce que je crois, d'un nom propre assez ridicule.

Il falloit répondre au manifeste du ministère : à présent je conseille à chacun de laisser en paix le *Moniteur;* le citer, c'est le tirer de son obscurité. Le chevalier de la censure seroit charmé qu'on voulût jouter avec lui ; ne nous chargeons pas de mettre au jour les pauvretés officielles.

Au surplus, à travers le langage de l'écrivain confit en politique, le but où il veut aller est visible.

> Un citoyen du Mans, chapon de son métier,
> Étoit sommé de comparoître
> Par devant les lares du maître,
> Au pied d'un tribunal que nous nommons foyer.
> Tous les gens lui crioient, pour déguiser la chose :
> Petit, petit, petit...

Mais avant de montrer comment, si l'on donne dans le piége, la censure passagère et accommodante du tartufe, pourroit engendrer la censure perpétuelle et fanatique de la faction, il est bon de s'arrêter un moment : apprenons d'abord au public ce qu'il doit croire de la bénigne censure.

Je suis fâché de descendre à des détails peu dignes; mais qui les racontera si je ne les révèle? Ce n'est pas sans doute les journaux? Au moment où les institutions de la Charte sont en péril, il ne s'agit ni de moi, ni de personne; il s'agit de la France : il faut qu'elle sache ce que c'est que cette *honorable* censure, cette *impartiale* inquisition établie pour la plus grande gloire de la liberté.

Premièrement il est convenu, autant que possible, entre les recors de la pensée, que les *blancs* n'auront pas lieu. En effet, les *blancs* qui annoncent les *suppressions* mettent le lecteur sur ses gardes; c'est comme s'il lisoit le nom de la *Censure*, écrit au haut du journal : on craint l'effet de ce nom honteux. Esclaves, soyez mutilés, mais cachez la marque du fer; subissez la torture, mais donnez-vous garde de paroître disloqués; portez des chaînes avec l'air de la liberté. Dans ces injonctions machiavéliques, la censure a au moins la conscience de son ignominie : c'est quelque chose.

Comment peut-on forcer les feuilles périodiques à remplir les *blancs* que laissent les retranchements de nosseigneurs? elles ne peuvent y être contraintes au nom de la loi. — D'accord; mais voici ce qui arrive.

On dit à un journal : « Si vous laissez des *blancs*, » on vous mettra des entraves qui rendront im- » possible la publication du journal pour le len- » demain. »

On dit à un second journal : « Si vous laissez » des *blancs*, nous accorderons à une autre feuille » la permission de donner une nouvelle que nous » retrancherons dans la vôtre. »

On dit à un troisième journal : « Si vous laissez » des *blancs*, nous exercerons sur vous la censure » dans toute sa vigueur; nous ne vous passerons » pas un mot, nous vous réduirons au néant. »

Les journaux menacés couvrent leurs plaies. Aux *Débats*, à la *Quotidienne*, des passages ont été supprimés : comme ils les ont immédiatement remplacés, le public ne s'est aperçu de rien. La *France chrétienne*, la *Pandore* et quelques autres feuilles, ont paru avec la robe d'innocence de la censure [1].

On a rayé dans le *Journal des Débats* un article de la gazette d'Augsbourg qu'on a laissé dans le *Constitutionnel*. Demain ce sera le tour de celui-ci; on lui défendra ce qu'on aura permis aux *Débats*, si les *Débats* sont dociles.

Dans un article du *Journal des Débats*, où l'on proposoit M. Delalot comme candidat aux électeurs d'Angoulême, la censure a barré ces lignes : « Si la carrière législative de M. Delalot » fut courte, on n'a point oublié ce qu'il fallut » de manœuvres pour l'abréger. Nous espérons » sincèrement revoir bientôt à la tribune M. De- » lalot vouer à la défense du trône et des libertés » publiques tout ce qu'elles ont droit d'attendre » de son éloquence et de son inébranlable fer- » meté. Son nom est l'effroi des ministres enne- » mis de la Charte, et qui trahissent les doctrines » qui les portèrent au pouvoir. »

[1] La petite pièce vient après le drame : on a rayé sur le *Figaro* la vignette représentant Figaro et Basile. Un petit journal avoit annoncé le mélodrame *des Natchez*, tiré, disoit-il, d'un *admirable* poeme : on a rayé le mot *admirable*, et on a bien fait. Le censeur a eu raison comme critique, mais tort comme censeur, etc.

On a rayé l'annonce de la démission de MM. Caix et Rio. On se venge du courage de ces hommes d'honneur, en les laissant sous la flétrissure de la faveur ministérielle [1].

Enfin il s'agissoit d'annoncer la présente brochure de cette manière modeste : *On assure que M. de Châteaubriand va faire paroître un écrit* SUR *le rétablissement de la censure.*

Je savois que l'avertissement seroit refusé; il l'a été. Ainsi des professeurs honorables ne sont pas libres de faire connoître qu'ils n'acceptent pas une place; un *Pair de France* ne peut pas faire dire qu'il va publier quelques pensées SUR une question qui touche aux lois politiques, à l'existence même de la Charte : voilà l'*impartiale* censure!

Pourra-t-on croire que c'est sous un conseil de surveillance composé de Pairs, de Députés et de Magistrats que les droits les plus légitimes sont

[1] A mesure que j'écris, les renseignements m'arrivent de toutes parts. Le rédacteur en chef du *Journal du Commerce* me donne connoissance de ses colonnes condamnées. J'y vois des suppressions étranges, et un manque complet de bonne foi, puisqu'on a retranché jusqu'à des *réponses* faites à des assertions qui se trouvoient dans des journaux ministériels; remarquez qu'aux termes de la loi, on auroit le droit de forcer les feuilles attaquantes à imprimer la réponse. Ce cas peut souvent se présenter : les censeurs auroient-ils le droit d'effacer ce que la loi ordonne positivement?

ainsi méconnus ? M. le vicomte de Bonald, que j'appelois encore il y a quelques jours à la tribune mon illustre ami, peut-il consentir à couvrir de son noble nom de pareilles lâchetés, de telles turpitudes, lui dont les ouvrages ont aussi été proscrits, et qui a subi comme moi les outrages de la censure?

Nous verrons s'il en sera de ma brochure nouvelle comme de la *Monarchie selon la Charte;* si défense sera faite aux journaux d'en parler; si la poste refusera de la porter; si les commis qui la liront seront destitués; si les préfets la poursuivront dans les provinces, et menaceront les libraires qui s'aviseroient de la vendre; si enfin M. le président du conseil, qui a tant à se louer de la *Monarchie selon la Charte*, et qui m'en a fait des remerciements si obligeans, agira aujourd'hui comme le ministre dont il étoit alors le violent adversaire.

Ces précautions ministérielles devroient me donner beaucoup d'orgueil, n'eussé-je à déplorer tant de misères. La religion est bien malade, si elle peut craindre l'auteur du *Génie du Christianisme;* la légitimité est en péril, si elle redoute l'homme qui a donné la brochure de *Buonaparte et des Bourbons*, rédigé le rapport fait au Roi dans son conseil à Gand, et publié le petit écrit: *Le Roi est mort : vive le Roi.*

Mais ce que je viens de dire par rapport à mon nouvel opuscule n'est déjà plus d'une vérité rigoureuse ; le sol est mouvant sous nos pas. Ce que l'on a refusé au *Journal des Débats*, à la *Quotidienne*, au *Courrier*, on l'a permis encore au *Constitutionnel*. On lit ces deux lignes dans sa feuille du 28 : *On annonce l'apparition prochaine d'un nouvel écrit de M. de Châteaubriand.*

Quel *écrit ?* la censure n'aura pas sans doute laissé ajouter : *sur la censure.* Libre aux lecteurs de penser qu'il s'agit d'une nouvelle livraison de mes *OEuvres complètes.* Le lendemain 29, il a été loisible à *la Quotidienne* et au *Courrier* de répéter la petite escobarderie.

Encore quelques jours, et vous serez témoins de ce qui adviendra. On ne commande point aux passions ; ceux qui jouissent du pouvoir absolu ont beau se promettre de s'en servir avec sobriété, le despotisme les emporte ; ils s'irritent des résistances ; bientôt ils trouvent que c'est une duperie d'avoir en main l'arbitraire, et de ne pas en user largement.

D'un autre côte, le parti qui domine le ministère prétend dire ce qui lui plaira. Si la censure veut l'enchaîner, il menacera ; il faudra lui obéir, et l'extrême licence des feuilles périodiques se placera auprès de l'extrême esclavage.

Voulez-vous juger jusqu'à quel point la presse

est libre sous la censure? Que la *Quotidienne*
essaie de rappeler la violence exercée sur M. Hyde
de Neuville; qu'elle parle des services méconnus,
de l'ingratitude dont on use envers les royalistes;
qu'elle déclare qu'on n'auroit jamais dû reconnoître une république de nègres révoltés; qu'elle
demande si Boyer paiera ce qu'il doit; qu'elle
invite les électeurs à ne nommer que des royalistes opposés aux volontés du ministère, et vous
verrez si la gracieuse censure laissera passer deux
mots de tout cela.

Que les *Débats*, le *Constitutionnel*, le *Courrier*, la *France chrétienne*, le *Journal du Commerce*, fassent à leur tour, chacun dans la nuance
de son opinion, des articles comme ils en faisoient il y a seulement quatre ou cinq jours;
qu'ils passent en revue les fautes du ministère,
qu'ils signalent ses erreurs, qu'ils rappellent et
le trois pour cent, et le syndicat, et le droit d'aî-
nesse, et la loi sur la presse, et les funérailles
du duc de Liancourt, et le licenciement de la
garde nationale; qu'ils répètent ce qu'ils ont dit
mille fois sur l'incapacité du ministère, sur le
mal qu'il fait à la France; enfin, que, réclamant
toutes nos libertés, ils s'élèvent avec chaleur
contre la censure, et vous verrez si la censure
leur laissera cette indépendance.

La prétendue douceur de la censure est donc

pure jonglerie. Il ne s'agit d'ailleurs ni de douceur, ni de rigueur : la liberté de la presse est
un principe, principe vivant du gouvernement
représentatif. Ce gouvernement ne peut exister
avec la censure, modérément ou violemment
exercée. La liberté de la presse n'est point la
propriété d'un ministère ; il ne doit point en
user à son gré et selon son tempérament. Aujourd'hui le ministère sera bénévole ; demain il
aura de l'humeur, et la liberté de la presse sui-
vra l'inconstance de ses caprices. Un ministère
peut changer ; un autre ministère peut survenir,
avec un système tout contraire aux intérêts que
l'on prétend protéger aujourd'hui, et il em-
ploiera la censure à ses fins. Que chacun fasse
ce raisonnement dans son opinion particulière,
et l'on demeurera convaincu que la censure
blesse les intérêts divers, pour n'en favoriser
qu'un, variable selon la variation du pouvoir.

Si la censure facultative et momentanée est
déjà une si grande peste, quel fléau ne devien-
droit-elle pas, changée en censure perpétuelle
ou centenaire ? Tous les ménagements disparoî-
troient : on se moqueroit des dupes et du cri
des opprimés, lorsqu'on auroit rivé leurs chaînes.
Dans le silence de l'opinion, la faction essaieroit
de renverser l'ouvrage de Louis XVIII, d'annuler
le contrat entre la vieille et la nouvelle généra-

tion, de déchirer le traité réconciliateur du passé
et de l'avenir.

C'est ici qu'il faut montrer le but caché de ceux
qui ont si imprudemment poussé les ministres à
rétablir la censure. Mon opinion (puissé-je me
tromper !) est que cette censure provisoire pourroit devenir le type d'un projet de loi que l'on
espéreroit obtenir pour la session prochaine. On
se flatteroit que de nouveaux pairs, introduits
dans la chambre héréditaire, aplaniroient les
difficultés. Tout changeroit alors si l'on obtenoit
la victoire. La pensée seroit enchaînée jusqu'au
jour des révolutions. Le silence ne sauve point
les empires : Buonaparte, avec la censure, a péri
au milieu de ses armées.

J'ai la conviction qu'on échappera au malheur que je redoute, en évitant ce qui peut nous
perdre.

Si les feuilles périodiques acceptoient la liberté
dérisoire qu'on leur offre; si, sous la verge des
commandeurs, elles consentoient à faire une
demi-opposition, elles s'exposeroient au plus
grand péril. On viendroit à la session prochaine
entonner dans les Chambres les louanges d'une
censure destructive de *la licence* et conservatrice
de *la liberté*; on apporteroit en preuve les articles même des journaux; on liroit d'une voix
retentissante ce qu'on leur auroit laissé dire dans

3

le sens de leurs opinions diverses. Si, par malheur, on avoit réellement présenté une loi de censure, l'argument tiré de la liberté censurée des journaux, paroîtroit irrésistible. Avec des larmes d'attendrissement et d'admiration pour de si magnanimes ministres, seroit-ce trop que de leur faire, à eux et à leurs successeurs, présent à toujours, de la liberté de la presse? Des entraves méritées enchaîneroient des mains trop obéissantes [1].

Quant à moi, je ne consentirai jamais à faire de la liberté *avec licence des supérieurs :* on n'entre aux bagnes à aucune condition. Rompre des lances pour les libertés publiques, sous les yeux des hérauts de la censure; danser la pyrrhique en présence des gardes - chiourmes, qui applaudissent à la dextérité des coups, à la grâce des acteurs, seroit imiter ces esclaves qui faisoient des tours d'escrime et des sauts périlleux pour le divertissement de leurs maîtres. Passoient-ils la borne prescrite, le fouet les avertissoit qu'ils n'étoient que des baladins ou des gladiateurs.

Les principes les plus utiles perdent leur efficacité quand ils sont timbrés du bureau d'un

[1] Une gazette ministérielle a avancé qu'excepté le *Courrier français*, les journaux de l'opposition se sont prononcés pour la censure. Cette feuille ment, mais on voit sa pensée.

inspecteur aux pensées. On ne croit point à un journal censuré : le bon sens enseigne que si l'on permet à tel journal de dire telle chose, c'est que le ministère y a un intérêt secret : la vérité devient mensonge en passant par la censure.

Les mêmes hommes que l'on traitoit si rudement il y a quelques jours, sont-ils devenus des saints parce qu'ils ont mis la censure ? ont-ils une vertu de plus, parce qu'ils ont fait un mal de plus ? leurs fautes sont-elles effacées parce qu'ils ont ordonné le silence ? si hier ils perdoient la France, la sauvent-ils aujourd'hui ? On leur faisoit de grands reproches : ou ils ne mériteroient plus ces reproches, s'ils consentoient à se les laisser adresser ; ou ils mépriseroient assez leurs adversaires pour leur permettre des argumens de rodomont, visés à la police ; ou l'on aurait l'air de remplir un rôle de compère avec eux.

Ce qu'ils veulent surtout, les ministres, c'est produire une illusion de gouvernement représentatif. Marionnettes dont les fils seroient tirés par la censure, nous ferions une mascarade d'opposition ; la France deviendroit une espèce de Polichinelle de liberté, parlant fièrement d'indépendance ; et puis quand la farce seroit jouée, un espion de police laisseroit retomber le sale rideau.

Lâcherons-nous la réalité pour l'ombre ? sommes-

3.

nous des vieillards tombés en enfance, qu'on amuse avec des hochets politiques? et pour peu qu'appuyés sur notre béquille, nous donnions l'essor à nos vaines paroles, aurons-nous de la Charte tout ce que nous en désirons ? Une nation qui, renonçant à la seule surveillance digne d'elle, la surveillance des lois, contre-feroit une nation libre sous la tutelle d'un gardien payé, seroit-elle assez dégradée?

Je n'ai point la prétention de tracer une marche aux amis des libertés publiques, et l'on me contesteroit à bon droit mon autorité. Je pense que si l'opposition suit diverses routes, elle a comme moi l'horreur de la censure, qu'elle cherche comme moi le moyen le plus sûr de briser cet infâme joug. J'expose seulement mes idées, mes craintes; on peut voir mieux que moi, mais je dois compte aux gens de bien de ma manière de comprendre la question du moment.

Si le *Conservateur* existoit encore; si je dirigeois encore cette feuille avec MM. de Villèle, Frénilly, de Bonald, d'Herbouville et mes autres nobles et honorables amis, voici ce que je leur proposerois : Continuer d'écrire comme si la censure n'existoit pas.

On supprimeroit les articles : nous laisserions des *blancs* pour protester contre la violence.

Le journal seroit exposé à toutes sortes de

vexations, il ne paroîtroit pas à jour fixe, il seroit retardé de vingt-quatre heures : tant mieux ! ces persécutions rendroient la censure plus odieuse. Une page blanche est un article que les abonnés lisent à merveille, et dont ils sentent tout le prix.

On nous feroit peut-être des procès pour *crime de blancs*, comme on condamnoit jadis les aristocrates taciturnes : tant mieux ! Nous ferions des procès à notre tour; nous appellerions le conseil de surveillance et les censeurs devant les tribunaux. Il faudroit plaider; nous traînerions au grand jour les ennemis ténébreux de nos libertés, et nous ne *vendrions pas nos procès* aux marchands de conscience.

Enfin nous réimprimerions à part tous les huit jours, en forme de brochure, les articles supprimés. Car, chose remarquable et qui explique toute la censure ! les articles incriminés par elle, seroient innocents devant les tribunaux : le censeur condamne ce que le magistrat acquitteroit.

Enfin, jamais nous n'engagerions le combat avec les écrivains ministériels dans la lice de la censure; et quand nous ne pourrions pas parler de politique en pleine et entière liberté, nous parlerions littérature ¹.

¹ La littérature n'est pas plus épargnée que la politique. Le *Journal des Débats* paroît aujourd'hui avec deux colonnes

En ma qualité de Pair de France, je ne puis
me défendre d'une réflexion pénible. Une censure facultative accordée pour le besoin de la
couronne dans des circonstances graves, n'a paru
aux législateurs qu'une prévoyance utile. Hé bien!
que résulte-t-il aujourd'hui de cette malheureuse
facilité à livrer au pouvoir les libertés publiques?
Avec quelle circonspection, avec quelle prudence
ne faut-il donc pas discuter et voter des lois!

Il n'est plus temps de se le dissimuler : la
marche que suit le ministère peut conduire à une
catastrophe. Se suspendre un moment aux parois
des abîmes, est chose possible, mais il faut finir
par y tomber. On sent que l'embarras est grand
pour des hommes qui se préfèrent à leur patrie.
Hors du pouvoir que seroient-ils? Écrasé du far-
deau des responsabilités qui pèsent sur sa tête,
tantôt en voulant corrompre les journaux, tantôt
en essayant de faire passer un projet de loi dé-
testable, tantôt en recourant à la censure, tantôt
en menaçant les rentiers d'une conversion, tantôt en licenciant la garde nationale de Paris, le
ministère a créé une immense impopularité. Il
a mis de toutes parts des haines en réserve; il a
cherché la force dans la police et dans les médiocrités : autant demander la vie au néant.

blanches, au risque de redoubler l'humeur censoriale : c'est
un article littéraire qui a été supprimé.

Les choses humaines ne sont pas stationnaires :
les années, les jours, les heures amènent les évé-
nements, le temps moissonne plus d'hommes
dans une minute que le faucheur n'abat d'herbes
dans la même minute. Le terme de la septenna-
lité approche : que fera-t-on? des élections? Qui
sera élu?

Les royalistes dispersés, persécutés, reniés,
ne sont plus réunis comme au temps du *Conservateur*. Ceux d'entre eux qui ont porté le poids
des ruines de l'ancienne monarchie, sont au bord
de leur tombe : ils feroient bien un effort pour
aller mourir aux pieds du Roi, mais c'est tout
ce qu'ils pourroient faire.

Les partisans de l'usurpation ou de la république, s'il en est encore, se réjouissent de ce
qu'ils voient.

La France nouvelle, la France constitutionnelle et monarchique est blessée : elle croit que
le ministère veut lui ôter ce que le Roi lui a donné :
au moment où l'on a parlé de tant de projets
funestes, la censure lui semble être le moyen que
la coterie s'est réservé pour les accomplir.

La France raisonnable et éclairée ne peut concevoir une administration qui choque tous les
intérêts, qui traite les amis de la royauté comme
les ennemis de la couronne; une administration
qui, dans l'espace de trois années, met, ôte et

remet la censure, qui fait des lois et les retire,
qui s'en prend aux tribunaux; qui ne daigne pas
même répondre lorsqu'on lui dit qu'elle sera en-
traînée à violer le principe de la pairie; une administration qui traite une capitale de sept cents
mille habitans où le Roi réside, comme elle trai-
teroit un village de l'Auvergne et du Berry; une
administration qui frappe brutalement avec un
bras débile, et qui, n'étant capable de rien, se
laisse soupçonner de tout.

Dans ce siècle on ne tient point devant l'opinion : les idées sont aujourd'hui des intérêts, des
puissances; mettez-les de votre côté. Prenez-y
garde ; si les journaux ont fait tout le mal, il
faut maintenant que tout aille bien sous la censure : si le mal continue, il est de vous.

On se demande en vain ce que feront les ministres. Essaieront-ils de changer la loi des élections avant une époque fatale? Il n'y a point de
loi d'élections, à moins qu'elle ne nomme des
députés d'office qui donnent aux ministres une
majorité. Loin de calmer l'opinion, le silence
imposé par la censure ne fera que l'irriter.

Se porteroit-on à des mesures sortant des limites de la Charte? L'impôt ne rentreroit plus.

L'affectation que les parasites du pouvoir mettent à parler de soldats et d'armée, fait sourire,
un peuple militaire qui a vu la garde impériale,

au retour d'Austerlitz et de Marengo, qui a vu
les Rois de l'Europe expier, à la porte des Tui-
leries, l'inhospitalité dont ils s'étoient rendus
coupables envers le véritable maître de ce pa-
lais. C'est avec les arts et les libertés constitutionnelles qu'on pouvoit faire oublier la gloire.
Que nous donnent les anti-chartistes en place de
celle-ci? la censure et le ministère : c'est bien peu.

Hé quoi! le plus pur sang de la France auroit coulé pendant trente années; le trône auroit
été brisé; nous aurions vu nos biens, nos amis,
nos parents, et jusqu'aux tombeaux de nos familles
s'abîmer dans le gouffre révolutionnaire; nous
aurions combattu l'Europe conjurée, et tout cela
pour conquérir la censure que nous avions en
1789! A force de malheurs et de victoires, quand,
sur la poussière des générations immolées, nous
sommes parvenus à relever le trône légitime, le
résultat de tant d'efforts seroit de confier à des
êtres obscurs, dont le nom n'a pas dépassé le
seuil de leur porte, la dictature de l'intelligence
humaine!

Non! il y a des choses impossibles. Vous établis-
sez, dites-vous, la censure, aux termes de la loi,
pour des *circonstances graves* : c'est la censure
qui fera naître ces circonstances; elles renverse-
ront le pouvoir ministériel : puissent-elles n'é-
branler que lui!

Je réclame la liberté de la presse avec la conscience d'un sujet fidèle fermement convaincu qu'il combat pour la sûreté du trône. Ne nous y trompons pas : la liberté de la presse est aujourd'hui toute la Constitution. Nous ne sommes pas assez nourris au gouvernement représentatif, ce gouvernement n'a pas encore jeté parmi nous des racines assez profondes, pour qu'il existe de lui-même : c'est la liberté de la presse qui le fait. Ce n'est pas la Charte qui nous donne cette liberté, c'est cette liberté qui nous donne la Charte. Elle seule, cette liberté, est le contrepoids d'un impôt énorme, d'un recrutement que l'on peut accroître à volonté, d'une administration despotique laissée par la puissance impériale ; elle seule fait prendre patience contre des abus de l'ancien régime, qui renaissent avec les hommes d'autrefois ; elle seule fait oublier les scandaleuses fortunes gagnées dans la domesticité, et qui surpassent celles trouvées par les maréchaux sur les champs de bataille. Elle console des disgrâces ; elle retient par la crainte les oppresseurs ; elle est le contrôle des mœurs, la surveillante des injustices. Rien n'est perdu tant qu'elle existe ; elle conserve tout pour l'avenir ; elle est le grand, l'inestimable bienfait de la restauration. Qu'avoient nos rois à nous offrir en arrivant de l'exil ? leur droit, les souvenirs de l'histoire, l'adversité et la vertu : ils y ont ajouté la liberté de la pensée, et cette France pleine de génie, est tombée à leurs pieds.

La patrie invoque aujourd'hui la déclaration de Saint-Ouen, la Charte, les serments de Reims. Charles X n'a pas juré en vain sur le sceptre de saint Louis : la liberté sera plus belle, quand elle nous sera rendue par la religion et l'honneur.

CHATEAUBRIAND.

POST SCRIPTUM.

Dimanche, 1er juillet 1827.

J'écrirois aussi long-temps que durera la censure, que je ne pourrois suffire à noter toutes ses persécutions. Voici quelques nouveaux faits que j'ai encore le temps de rapporter.

Le *Journal des Débats* donne le 29 juin un article littéraire; la censure y trouve quelques mots, quelques phrases à reprendre; elle barre l'article entier, et rend le reste approuvé du journal à onze heures du soir.

Le lendemain, 30 juin, qu'arrive-t-il? on envoie comme de coutume la double épreuve exigée à la censure. Le porteur de l'épreuve attend jusqu'à dix heures du soir, et demande l'épreuve, qui doit être rendue avec le *visa* de la censure : on lui remet une des deux épreuves non visée, en lui disant que les censeurs se sont retirés.

Le *Journal des Débats* avoit par hasard le reste d'une ancienne épreuve approuvée; il s'en sert pour que ses feuilles ne soient pas entièrement blanches, et le journal paroît dans l'état où toute la France a pu le voir.

N'est il pas évident qu'en adoptant ce système de *non-censure*, on peut, par le fait, supprimer un journal ? car si toutes les colonnes du journal sont *non - censurées*, ou le journal paroîtra tout en blanc, ou il ne paroîtra pas du tout ; ou s'il paroît avec des articles *non-censurés*, aux termes de la loi, il sera suspendu.

Peut-on voir une plus odieuse, une plus abominable persécution de la presse ? Y a-t-il des termes assez forts, des expressions assez vives, pour rendre l'indignation qu'elle inspire ? Quoi ! vous faites une loi de censure ; j'y obéis, et vous refusez même de m'appliquer votre loi oppressive ! Vous me déniez la justice, vous me déniez l'esclavage pour m'étouffer !

Quel est l'homme qui dirige un pareil système ? Si le conseil de surveillance est *réellement* quelque chose, ne doit-il pas faire chasser à l'instant un pareil homme ? Ainsi c'est l'esprit de vengeance contre les *blancs*, c'est la fureur contre les *blancs* accusateurs des mutilations de la censure, c'est cette fureur qui amène ce dévergondage de despotisme : on veut tuer ceux que l'on a blessés, de peur de laisser des témoins de la violence, de peur d'être reconnu, d'être jugé et condamné au tribunal de l'opinion. Et c'est là ce que l'on veut nous faire passer pour de la liberté ! c'est là ce qu'on appelle une censure *contre la licence !* Les petites tyrannies subalternes prennent le caractère de la bassesse dans laquelle elles sont engendrées.

Il y a pourtant une ressource contre une telle déloyauté : c'est de faire paroître le journal non censuré, après avoir fait constater légalement, autant que possible, le refus de la censure. Le journal sera suspendu : il y aura procès. Nous verrons si les tribunaux condamneront un journal pour avoir

transgressé une loi à laquelle il s'étoit soumis, et dont on lui
a refusé le triste bénéfice. Car enfin ce journal s'est trouvé,
par ce deni, dans la position de paroître non censuré, ou
de cesser d'exister. En principe de droit, on ne peut forcer
ni un homme, ni une chose à s'anéantir volontairement.

Un article du *Courrier anglais*, journal ministériel, dévoué
à M. Canning, m'arrive : je m'empresse de faire connoître
cet article; car désormais la France ignorera ce qu'on pense
de nous en Europe. C'est encore un des bienfaits de la
censure.

« Les journaux de Paris de dimanche et de lundi nous sont
» parvenus hier soir. Le *Moniteur* du 25 contient une or-
» donnance royale qui établit une rigide censure de la presse.
» Cet exercice de la prérogative royale nous paroît être le
» résultat du retrait de la loi sur la presse, présentée aux
» Chambres dans la dernière session. Le but de cette mesure
» est d'enchaîner en France l'expression de l'opinion publique.
» La manière dont elle sera exercée dépendra de la discré-
» tion et de l'humeur des personnes chargées de la surveiller.
» Nous ne pouvons pas découvrir le motif précis d'une telle
» ordonnance dans le moment actuel. Nous lisons avec atten-
» tion les journaux de Paris, et nous avouons que nous n'y
» trouvons pas ce langage séditieux et incendiaire qui pour-
» rait demander une surveillance aussi sévère de la presse ;
» d'ailleurs il y a des preuves suffisantes que les tribunaux du
» pays ont le pouvoir d'en punir les excès. Un gouvernement
» doit être bien foible, ou le peuple qu'il régit bien porté à
» la désaffection, pour qu'on croie nécessaire d'établir une
» censure. Mais c'est une grand erreur de supposer que cette
» ressource soit aussi utile dans l'un ou l'autre cas. Un gou-
» vernement n'acquiert aucune force en trahissant ses craintes,
» et un peuple mécontent ne redevient pas affectionné sous
» le poids de nouvelles entraves. »

(*Courrier anglais* du 27 juin.)

Je prie les lecteurs entre les mains desquels cette brochure peut tomber, de la conserver, non pour son mérite,
mais pour les faits qu'elle renferme. Elle leur servira de *clef*
dans la lecture des journaux indépendants. Il se peut faire
que ces journaux, incapables de lutter contre le ministère,
secondé du zèle abject des valets du pouvoir, il se peut faire
que ces journaux soient obligés de se soumettre à la nécessité. Ils se verront peut-être obligés, pour exister, de re-
noncer aux blancs, de s'annuler de toute façon ; car la censure pèse autant sur les lettres que sur la politique. Que les
lecteurs des feuilles indépendantes se souviennent qu'ils ne
voient plus rien des opinions réelles de ces feuilles : si elles
résistoient toutes à la fois, elles triompheroient sans doute ;
mais il est difficile de faire entrer les esprits divers dans un
même système. Les lecteurs ne doivent donc accuser que
les oppresseurs de l'opinion publique. Silence d'un côté,
mensonge de l'autre ; voilà maintenant l'état de la presse
périodique : c'est en présence de cette double vérité qu'il
faut maintenant lire les journaux.

AVIS.

Je réimprime , sur leur dernière édition , ces deux petits ouvrages , tels qu'ils parurent à l'époque de la première censure et de l'abolition de cette censure. On mesurera le chemin que nous avons parcouru. On verra nos peines , notre joie , et des espérances maintenant trompées. Je n'ai pas voulu retrancher *le récit et les pièces*, témoignages des persécutions éprouvées alors par les journaux. Il faut que ces faits demeurent, en preuve de l'esprit oppresseur, et toujours le même, de la censure : on croira lire ce qui passe sous nos yeux dans ce moment mêmè. Violente ou hypocrite, la censure ne change point.

DE LA CENSURE

QUE L'ON VIENT D'ÉTABLIR

EN VERTU

DE L'ARTICLE 4 DE LA LOI DU 17 MARS 1822.

4

AVERTISSEMENT
DE LA PREMIÈRE ÉDITION.

La censure n'a pas permis qu'on annonçât cette brochure dans les journaux ; cependant le titre de ce petit écrit n'a rien de séditieux : *De la censure que l'on vient d'établir.* Y a-t-il là quelque chose contre le Roi et la loi ? Ce titre même fait-il connoître si l'auteur de l'ouvrage est pour ou contre la censure ? Quel instinct dans les censeurs ! quelle merveilleuse sagacité ! Mais je ne dis pas tout : mon nom est imprimé en tête de la brochure ! Pourroit-on croire que nous en soyons là sous le ministère de MM. Corbière et de Villèle ?

AVERTISSEMENT
DE LA SECONDE ÉIDTION.

Le public a enlevé la première édition de cette brochure plus rapidement encore que je ne l'ai écrite, bien que la censure n'ait pas permis de l'annoncer, et qu'à la poste on ait refusé d'expé-

4.

dier les exemplaires destinés aux départements.
Cela ne prouve rien pour le mérite de l'ouvrage,
mais cela montre à quel point l'opinion s'est prononcée en faveur des tribunaux, avec quelle ar-
deur elle réclame les libertés publiques et re-
pousse le système ministériel.

J'ai à peine eu le temps de faire disparoître
quelques incorrections de style, échappées à ce
que je pourrois appeler une improvisation écrite.
J'ai ajouté peu de chose au texte, mais je veux
consigner ici un nouveau fait de la censure ac-
tuelle.

La censure, comme on l'a vu, avoit mutilé,
dans le *Journal des Débats*, un article relatif à
monseigneur le duc d'Orléans : elle a été plus rigoureuse envers le *Constitutionnel*, qui s'est avisé
de parler de monseigneur le duc d'Angoulême.

La chose m'avoit paru si improbable que j'ai
voulu voir pour le croire l'article supprimé, supposant qu'il y avoit au moins à cette témérité
censoriale une ombre, une apparence de prétexte. On va en juger; voici l'article :

« Nous publions avec un vrai plaisir l'avis suivant qui nous est adressé du cabinet de S. A. R. le
duc d'Angoulême :

« Messieurs les membres de la société royale
» des prisons sont invités à se trouver jeudi 19 de
» ce mois, à une heure, à la séance de la société,

» présidée par Son Altesse Royale, et qui se réu-
» nira chez Monseigneur. »

« Puissent tous les abus qui sont si malheureusement enracinés dans le régime des prisons, et
qui excitent depuis si long-temps la sollicitude
de tous les vrais amis de l'humanité et de la religion, être connus du prince ! Puisse l'administration, docile à sa voix, réformer des scandales
affligeants pour toutes les âmes sensibles ! Puisse-
t-elle purifier le séjour infect où tant de victimes
diverses sont si malheureusement confondues !
Ce que nous désirons surtout, c'est que l'intéres-
sant ouvrage que vient de publier M. Appert
soit mis sous les yeux du prince, et qu'on ne lui
cache aucun de ceux qui sont de nature à l'éclairer sur un objet si digne de sa bienfaisance et
de son humanité. »

Il ne s'agit pas des doctrines du *Constitutionnel,* qui, sous tant de rapports, ne sont pas
les miennes ; cette feuille d'ailleurs m'épargne
trop peu pour qu'on puisse me soupçonner d'a-
voir un grand penchant pour elle ; mais il s'agit
de la raison, de la bonne foi, de l'équité, des
principes. Y a-t-il rien dans l'article précité qui
ait pu mériter la colère des rogneurs de phrases ?
Il ne sera donc plus permis de parler d'humanité,
ni même de *religion,* car le mot se trouve dans
l'article ; ainsi le nom d'un prince restaurateur

de notre armée, ce nom que l'Europe respecte,
que la France a inscrit dans les fastes de sa gloire,
est rayé par quelques censeurs obscurs dans un
bureau de la police! Il est vrai que ce prince,
tout chrétien qu'il est, est soupçonné d'aimer la
Charte; il est vrai qu'en Espagne tous les partis
ont trouvé un abri derrière son épée; qu'il a prê-
ché la concorde au milieu des divisions; qu'il a
réprimé les écarts de la liberté comme les fan-
taisies de l'arbitraire; qu'il s'est opposé aux réac-
tions et aux vengeances; qu'il n'a pas souffert que
des proscriptions déshonorassent ses armes, et
que les bûchers de l'inquisition devinssent les
autels élevés à ses victoires.

Paris, le 20 août 1824.

AVERTISSEMENT
DE LA TROISIÈME ÉDITION.

Je voulois laisser passer cette troisième édition
sans un nouvel avertissement. J'avois vu, il est
vrai, dans un journal, une espèce d'amende honorable, une explication par laquelle un écrivain
officieux prétendoit prouver que ses maîtres, en
établissant la censure, n'avoient pas voulu atta-

quer les tribunaux : ce misérable désaveu d'un fait patent ne peut inspirer que de la pitié[1].

Je n'aurois donc pas songé à grossir ce petit ouvrage de quelques lignes, si un autre article, d'une toute autre gravité, n'avoit attiré mon attention.

Lorsque j'ai dit que les ministres seroient obligés, pour prolonger leur existence politique, de pousser leurs systèmes jusqu'aux dernières conséquences ; lorsque j'ai demandé quel seroit le parti qu'ils prendroient en cas d'opposition de la part des Chambres législatives, je n'ai rien exagéré, et l'on ne m'a pas fait attendre long-temps la réponse à mes questions.

[1] On m'écrit de toutes parts pour me signaler de nouvelles vexations de la censure. *Le Courrier français*, par exemple, avoit annoncé que M. Michaud, qui vient de perdre sa place à l'Imprimerie royale, étoit frère de M. Michaud, rédacteur de *la Quotidienne*. La censure a rayé cette annonce factieuse, disant qu'elle avoit permis au *Journal des Débats* de dire que M. Michaud le renvoyé étoit frère de M. Michaud de l'*Académie françoise*. On sent tout ce qu'il y a d'ingénieux et de profond dans cette distinction faite par la censure entre M. Michaud de l'*Académie* et M. Michaud de *la Quotidienne*.

Dans un petit journal littéraire, on a retranché un passage du sermon de Bossuet sur l'honneur : on ignore quel est le docteur de Sorbonne à la police qui a mis à l'index le dernier père de l'Église. Je suis honteux de descendre dans le détail de ces platitudes, mais il est nécessaire de livrer la censure à l'opinion, afin qu'elle soit méprisée comme elle mérite de l'être. Quand voudra-t-on se persuader enfin que nous vivons au 19ᵉ siècle ?

Un article inséré dans *le Drapeau Blanc* a été répété par *l'Étoile* : la censure, en le laissant passer dans d'autres journaux, a achevé de lui donner un caractère semi-officiel : il mérite la peine d'être transcrit et commenté, le voici :

« Les conseils généraux de département s'as-
» semblent ; appelés par la loi fondamentale à
» donner leur avis sur tout ce qui intéresse la
» prospérité du commerce et de l'agriculture, vue
» à la vérité d'une manière locale, *il ne leur est*
» *pas interdit pour cela de traiter les plus hautes*
» *considérations législatives lorsqu'elles se ratta-*
» *chent aux besoins particuliers des subdivisions*
» *territoriales. Ne sont-ce pas les cahiers des con-*
» *seils-généraux qui, les premiers, ont indiqué la*
» *nécessité d'une loi sur la voirie vicinale, et qui*
» *ont posé le principe de la double prestation?*
» Les modifications apportées aux tarifs de l'én-
» registrement n'avoient-elles pas été invoquées
» par les mêmes organes? La plupart des grandes
» améliorations n'ont-elles pas pris leur source
» dans ces assemblées qui, par la manière dont
» elles ont été composées depuis la restauration,
» offrent toutes les garanties désirables de dé-
» vouement, de sagesse, de lumières, d'indépen-
» dance et de bonne foi?

» Aux yeux du gouvernement, comme pour
» tous les hommes éclairés, les vrais organes de

» l'opinion publique sont les conseillers choisis
» par le Roi sous le titre de *Pairs*, et ceux en-
» voyés devers lui par la nation, sous le nom de
» *Députés*. Mais, dans une circonstance aussi
» grave, où l'une des Chambres a cru devoir re-
» jeter ce qu'une autre avoit adopté, où même
» celle qui a voté négativement a offert un par-
» tage à peu près égal d'opinions, où enfin le rejet
» n'a été qu'une sorte de *plus ample informé*, il
» nous paroît non seulement convenable, mais
» encore de toute justice, que le ministère ac-
» cueille ce que les conseils d'arrondissement et
» de département croiront devoir exprimer au
» sujet de la loi des rentes. Ces conseils, com-
» posés de propriétaires, de négocians, de ma-
» gistrats, enfin de ce que nos provinces ont de
» plus honorable, ne peuvent que jeter une
» grande lumière sur un objet qui touche aussi
» essentiellement à la fortune publique. C'est
» sous de tels auspices que la grande question
» débattue pendant la dernière session pourra se
» représenter, forte d'un assentiment presque una-
» nime; ou bien, si elle est proscrite dans le sein
» de ces assemblées, le gouvernement sera auto-
» risé à mettre fin à une incertitude qui ne sau-
» roit se prolonger sans inconvénient. »

Examinons cette pièce curieuse.

Comparer d'abord les conseils généraux d'aujourd'hui aux bailliages, aux sénéchaussées d'autrefois, aux anciennes communes des villes et des campagnes, à tout ce qui formoit le régime municipal de la France, c'est une étrange ignorance, ou une bizarre aberration d'esprit.

Quand on nous parle de *cahiers des conseils-généraux*, ne s'aperçoit-on pas de la confusion des mots, des idées et des doctrines, qui se trouve dans cette seule phrase? Des cahiers! Il y a donc des *mandataires?* Sont-ce les membres des conseils-généraux qui sont *les mandataires du peuple,* lequel pourtant ne les a pas nommés? Sont-ce les députés qui doivent être regardés comme les mandataires des conseils-généraux, quoiqu'ils ne soient pas élus par ces conseils? Enfin seroient-ce les ministres qui se trouveroient chargés des pleins pouvoirs de ces conseils? Et néanmoins tous les jours, à la tribune, le ministère s'élève contre le système des *mandataires,* et soutient qu'il n'y a point de *représentants.* Quelle tour de Babel! Je ne parle pas des députés, dont on ne fait plus que des *conseillers* de la couronne; singuliers conseillers qui peuvent voter ou refuser l'impôt, mettre les ministres en accusation, etc. On voit bien où tout cela tend, et où l'on en veut venir. Mais, sans trop nous arrêter, tâchons de trouver ce qui sort des ténèbres de l'article.

Ce qui en sort, c'est la loi sur la réduction des

rentes. Tout ce galimatias est pour nous dire qu'on n'a point abandonné l'ancien projet ; que les 130 boules noires de la Chambre des Députés ; que la majorité de 23 voix contre la loi dans la Chambre des Pairs ; que les nombreux écrits publiés contre cette loi ; que l'opinion presque générale des hommes instruits dans la matière, n'ont pu ébranler l'obstination d'un ministre ; qu'on se tienne pour averti qu'un seul homme en France a le privilége d'avoir toujours raison.

Et comment un esprit si sûr de son fait semble-t-il avoir besoin de se faire appuyer ? On nous parle des vœux que les conseils-généraux pourront émettre ; mais lorsque les Chambres ont rejeté, ou qu'une des Chambres a refusé l'adoption d'une loi, à quel titre les conseils-généraux interviendroient-ils ? Auroit-on le dessein de les faire sortir du cercle de leurs attributions ? Voudroit-on créer dans l'État un nouveau pouvoir politique ? Auroit-on déjà quelques inquiétudes sur la disposition de la Chambre élective ; et, pour la rendre favorable à la loi renouvelée, le ministère viendroit-il présenter cette loi, non plus comme son ouvrage, mais comme le vœu des départements ? La sagesse des conseils-généraux nous rassure ; mais l'imprudence des hommes qui pourroient agir sur eux nous effraie.

On a souvent fait entendre dans les discussions

de la loi, que si Paris repoussoit le projet, les
départements le désiroient, bien qu'on ait cent
fois prouvé que cette réduction de la rente, loin
de faire refluer les capitaux dans les provinces,
les attireroit à Paris. Est-ce l'œuvre d'un bon
Français de chercher à rappeler dans des articles
censurés la prétendue différence d'intérêts que
l'on suppose faussement devoir exister entre Paris et le reste de la France?

Venons au dernier paragraphe de l'article :

« Ces conseils (les conseils-généraux), com-
» posés de propriétaires, de négociants, de ma-
» gistrats, enfin de ce que nos provinces ont de
» plus honorable, ne peuvent que jeter une grande
» lumière sur un objet qui touche aussi essentiel-
» lement à la fortune publique. C'est sous de tels
» auspices que la grande question débattue pen-
» dant la dernière session pourra se présenter,
» forte d'un assentiment presque unanime ; ou
» bien, si elle est proscrite dans le sein de ces
» assemblées, le gouvernement sera autorisé à
» mettre fin à une incertitude qui ne sauroit se
» prolonger sans inconvénient. »

Qu'est-ce que cela signifie?

Cela veut-il dire que si les conseils-généraux
sont d'avis du projet de loi, on le présentera de
nouveau aux Chambres, sans égard au change-
ment d'opinion qui pourroit être survenu dans

la Chambre élective, sans considération pour le vote négatif de la Chambre héréditaire? Mais les Chambres, tout en respecfant l'opinion des conseils-généraux, ont une volonté; elles écoutent leurs consciences, elles consultent leurs lumières, et ne règlent point le vote d'après des délibérations étrangères à leurs séances.

On nous fait entrevoir que les conseils-généraux pourroient bien être unanimes dans leur opinion. Auroit-on fait menacer de destitution les membres de ces conseils qui occupent des places dans le gouvernement, s'ils n'opinoient pas pour la loi des rentes? M. le ministre de l'intérieur nous a fait connoître ses principes sur la liberté des votes; et comme les membres des conseils-généraux sont révocables, il ne peut manquer d'avoir action sur des corps qu'il peut faire composer, décomposer et recomposer, selon l'inspiration de son patriotisme.

Mais si les conseils-généraux sont d'un avis, et les Chambres d'un autre, comment arrivera-t-il, selon la phrase ministérielle, *que le gouvernement sera autorisé à mettre fin à une incertitude qui ne sauroit se prolonger sans inconvénient?* Qu'entend-on par là, et de quelle manière mettra-t-on fin à cette incertitude?

Comment y sera-t-on encore autorisé, si la *grande question débattue pendant la dernière session est proscrite dans le sein de ces assemblées*, c'est-à-dire dans le sein des *conseils-généraux*, en supposant que l'on parle français? Ou ces phrases sont de purs *non-sens*, ou elles renferment une menace. Quand on considère tout ce que l'on a déjà entrepris contre nos libertés, on est trop disposé à penser que le ministère tenteroit les choses les plus étranges, plutôt que d'abandonner son système. Un pareil article n'a pu être publié que sous le régime de la censure; il n'a d'importance que parce que les journaux sont censurés; autrement, la liberté de la presse périodique en auroit fait bonne justice.

Puisque ma voix est encore entendue malgré ce qu'on fait pour l'étouffer, sentinelle vigilante je ne cesserai d'avertir du danger. Je suis loin d'être tranquille sur nos institutions, non que je croie que les mains qui les menacent soient capables de les renverser; mais elles peuvent faire beaucoup de mal au trône et à la patrie, parce que le mal est une chose facile, à l'usage des intelligences communes : le bien seul qui vient de Dieu a besoin des talents qui viennent du Ciel pour être mis en œuvre.

Paris, le 26 août 1824.

DE LA CENSURE

QUE L'ON VIENT D'ÉTABLIR.

Dans la séance de la Chambre des Pairs du 13 mars 1823, je disois, en répondant à un orateur :

« Un noble baron a présenté pour résultat de l'ex-
» pédition d'Espagne la France envahie, toutes nos
» libertés détruites. Quant à l'invasion de la France et
» à la perte de nos libertés publiques, une chose ser-
» vira du moins à me consoler : c'est qu'elles n'auront
» jamais lieu tandis que moi et mes collègues serons
» ministres. Le noble baron, qui professe avec talent
» des sentimens généreux, me pardonnera cette asser-
» tion : elle sort de la conscience d'un Français. »

Ces paroles et l'établissement de la censure expli-
quent assez les raisons pour lesquelles j'ai cessé d'être
ministre, et les causes du traitement que j'ai éprouvé
de mes collègues. Je les avois associés à mes sentimens;
ils les renient aujourd'hui. Il a donc fallu qu'ils se sé-
parassent de moi, quand ils ont médité de suspendre
la plus importante de nos libertés.

Laissons ma personne : parlons de la France.

Je ne répéterai pas ce que j'ai dit cent fois à la tribune dans mes discours, ce que j'ai imprimé cent fois
dans mes ouvrages : point de gouvernement représentatif sans la liberté de la presse.

Avec la censure des journaux, la monarchie constitutionnelle devient ou beaucoup plus foible ou beaucoup plus violente que la monarchie absolue : c'est
une languissante machine, ou une machine désor-

donnée, qui s'arrête par l'embrouillement des roues,
ou se brise par l'énergie de son mouvement. Je ne dis
rien de ce commerce de mensonges qui s'établit au
profit de quelques hommes dans les feuilles sans liberté, et des diverses espèces de turpitudes, suite inévitable de la censure.

Pourquoi m'étendrois-je sur tout cela ? Il s'agit bien
de principes ! On n'en est pas à ces niaiseries. On recon-
noît sans doute qu'on a dépensé en vain des sommes
considérables pour s'emparer de l'opinion des journaux : il faut donc achever par la violence ce qu'on
avoit commencé par la corruption. On prend l'entête-
ment pour du caractère, l'irritation de l'amour-propre
pour de la grandeur d'esprit, sans songer que l'homme
le plus débile peut, dans un accès de fièvre, mettre le
feu à sa maison. Cet état de démence est-il une preuve
de force ?

L'article 4 de la loi du 17 mars 1822 est ainsi conçu :
« Si, dans l'intervalle des sessions des Chambres,
» des circonstances *graves* rendoient momentanément
» insuffisantes les mesures de garantie et de répression
» établies, les lois du 31 mars 1820 et 26 juillet 1821
» pourront être remises immédiatement en vigueur,
» en vertu d'une ordonnance du Roi, délibérée en
» conseil et contresignée par trois ministres. »

Je me demande si le cas prévu par la loi est arrivé.
Des armées étrangères sont-elles à nos portes ? Quelque
complot dans l'intérieur a-t-il éclaté ? La fortune publique est-elle ébranlée ? Le Ciel a-t-il déchaîné quelques-uns de ses fléaux sur la France ? Le trône est-il
menacé ? Un de nos princes chéris est-il tombé sous le
fer d'un nouveau Louvel ? Non ! heureusement non !

Qu'est-il donc advenu ? Que le ministère a fait des fautes ; qu'il a perdu la majorité dans la Chambre des Pairs ; qu'il s'est vu mettre en scène devant les tribunaux, pour avoir été mêlé à de honteuses négociations dont le but étoit d'acheter des opinions ; qu'il a gâté la plupart des résultats de l'expédition d'Espagne; qu'il s'est séparé des royalistes ; en un mot, qu'il paroît peu capable, et qu'on le lui dit. Voilà les *circonstances graves* qui l'obligent à nous ravir la liberté fondamentale des institutions que nous devons à la sagesse du Roi ! Si les circonstances étaient graves, il les auroit faites ; c'est donc contre lui-même qu'il auroit établi la censure.

L'expédition d'Espagne a été commencée, poursuivie, achevée en présence de la liberté de la presse : une fausse nouvelle pouvoit compromettre l'existence de Mgr le duc d'Angoulême et le salut de son armée ; elle pouvoit occasioner la chute des fonds publics, exciter des troubles dans quelques départemens, faire faire un mouvement aux puissances de l'Europe : ces circonstances n'étoient pas assez *graves* pour motiver la suppression de la liberté de la presse périodique. Mais on ose dire la vérité à des ministres ; le Français, né moqueur, se permet quelquefois de rire de ces ministres : vite la censure, ou la France est perdue ! Quelle pitié !

Il ne manquoit au couronnement de l'œuvre que la raison alléguée pour l'établissement de la censure. On auroit pu avoir recours aux lieux communs contre la liberté de la presse, parler de ses excès, de ses dangers, en affectant de la confondre avec la licence; on auroit pu dire que les lois actuelles de répression

5

ne suffisent pas , bien qu'elles soient extrêmement
dures, bien qu'elles aient obligé par le fait tous les
journaux à se renfermer dans de justes limites. Ce
n'est pas cela : on ne se plaint pas des *journaux*, on se
plaint des *tribunaux!* La censure est nécessaire parce
que de vrais, de dignes magistrats ont défendu la liberté de la presse, parce qu'ils ont rendu un arrêt
dans l'intégrité de leur conscience et l'indépendance de
leur caractère, parce qu'ils ont admis pour les journaux une existence de *droit*, indépendante de leur
existence de *fait*. Et le moyen du droit paroît peu per-
tinent sous la monarchie légitime, après le fait de la
révolution, après le fait des cent-jours ! Un ministre de
la justice s'expose à blâmer par sa signature la sentence
d'un tribunal ! il se prononce indirectement contre la
chose jugée ! Quel exemple donné aux peuples ! Trois
ministres osent mettre, pour ainsi dire, en accusation
devant l'opinion publique les deux premières Cours du
royaume, la Cour de cassation, la Cour royale, et le tribunal de première instance ; car ces trois tribunaux ont
prononcé tous trois dans la même cause ! On attaque
ainsi le monde judiciaire tout entier, depuis le som-
met jusqu'à la base : même le ministère public à la
Cour de cassation a opiné dans le sens de l'arrêt de
cette Cour.

Tous les ministres étoient-ils présents au conseil
lorsque cette dangereuse résolution a été prise? Si
l'un d'eux étoit absent, comme on le dit, il doit bien
se repentir d'avoir été privé de l'honneur de se re-
tirer.

Les Cours de justice, direz-vous, se sont trompées!
Qui vous le prouve ? Êtes-vous plus sages, plus éclai-

rés qu'elles ? Y a - t - il eu à peu près partage égal des voix entre les magistrats dans ces Cours ? Je n'en sais rien. On assure toutefois que la Cour de cassation, dont le savoir est si connu, a prononcé à la presque unanimité dans l'affaire de *l'Aristarque.*

Mais la résurrection de ce journal alloit faire renaître plusieurs autres journaux. Pourquoi pas, s'ils ont réellement le droit de reparoître ? Pourquoi la loi, pourquoi la justice, ne seroient - elles pas égales pour tous ? Les faits ne sont pas même exacts : il est douteux qu'il y ait d'autres journaux dans le cas précis de *l'Aristarque.*

N'existe-t-il pas, d'ailleurs, une loi redoutable qui a suffi pour réprimer les excès de la presse ? Les tribunaux, dont on blâme la jurisprudence, n'ont - ils pas souvent porté des sentences de condamnation contre des journalistes ? Si l'on additionnoit les sommes exigées pour les amendes, les jours, les mois et les années fixés pour les emprisonnemens, on trouveroit un total de peines qui satisferoit les esprits les plus sévères. La rigueur que les magistrats ont déployée dans leurs premiers jugemens prouve que la douceur de leurs derniers arrêts est l'œuvré de la plus impartiale justice.

Et pouvoient-ils, par exemple, sans se déshonorer, ces magistrats, ne pas juger comme ils ont jugé dans l'affaire de *la Quotidienne ?* Pourquoi le ministère ne s'est-il pas opposé à ce que cette cause, où il jouoit un rôle, fût portée devant les Cours de justice ? Inconcevable imprévoyance ! car on ne doit pas supposer qu'on se fît illusion sur des choses honteuses ou sur la conscience des juges.

5.

On dit que la jurisprudence des Cours fournit un moyen d'éluder la suspension , la suppression des journaux. Ainsi, ce n'étoit pas la *répression* des délits qu'on cherchoit; c'étoit la *suspension*, la *suppression* des journaux, c'est-à-dire la suppression de la liberté de la presse périodique. Votre secret vous échappe. Voilà ce que vous voyiez dans la loi; voilà comme vous comprenez le gouvernement constitutionnel. Nous savions déjà ce que vous en pensiez; nous avions lu votre brochure.

La justice est le pain du peuple : il en est affamé, surtout en France. Les corps politiques avoient depuis long-temps disparu dans ce pays; ils avoient été remplacés par les corps judiciaires, leurs contemporains, et presque leurs devanciers. Nos Cours souveraines se rattachoient par les liens de la civilisation, par les besoins de la société, par la tradition de la sagesse des âges, par l'étude des Codes de l'antiquité, se rattachoient, dis-je, au berceau du monde. La nation, vivement frappée des vertus de nos magistrats, s'étoit accoutumée à les aimer comme l'ordre , à les respecter comme la loi vivante. Les Harlay, les Lamoignon, les Molé, les Séguier, dominent encore nos souvenirs : nous les voyons toujours protecteurs comme le trône, incorruptibles comme la religion, sévères comme la liberté, probes comme l'honneur, dont ils étoient les appuis, les défenseurs et les organes.

Et ce sont les successeurs de ces magistrats immortels que des hommes d'un jour osent attaquer! des hommes soumis à toutes les chances de la fortune, des hommes qui rentreront demain dans leur néant, si la faveur royale se retire; ces hommes viennent gourmander des juges inamovibles qui parcourent honorablement une carrière fermée à toute ambition , et consacrée aux plus pénibles travaux !

Vous vous tenez pour offensés lorsque les Chambres n'accueillent pas vos lois ; vous vous irritez quand les tribunaux jugent d'après leurs lumières. Vous ne voulez donc rien dans l'État que votre volonté, que vous seuls, que vos personnes ?

Mais si vous parveniez à ébranler chez les peuples la confiance qu'ils doivent avoir dans leurs juges ; si vous déclariez, comme vous le faites réellement, que la jurisprudence des tribunaux est dangereuse sur un point, n'en résulte-t-il pas qu'elle peut l'être sur d'autres ? Dites-nous alors, que deviendroit la société, où vous auriez semé de pareils soupçons, vous, autorité, vous, pouvoir ministériel ? Tous les jours ces tribunaux prononcent sur la fortune et la vie des citoyens ; vous m'exposez donc à soupçonner tous les jours qu'un bien a peut-être été injustement ravi, qu'un innocent a peut-être péri sur l'échafaud.

Imprudens qui ne voyez pas le désordre que vous jetez dans les esprits par de pareils actes! et quelle est votre valeur morale pour condamner d'un trait de plume des Cours entières, pour substituer vos ignorances ministérielles à la science des magistrats qui tiennent de l'auteur de toute justice la balance pour peser, le glaive pour punir ?

Pourquoi tant d'humeur contre l'*Aristarque*? seroit-ce qu'il a pour propriétaires trois députés de l'opposition : MM. de La Bourdonnaye, Sanlot-Baguenault, et Lemoine - Desmares? Le ministère est plus riche que cela : n'a-t-il pas pour lui tous ces journaux achetés sur la place, plus ou moins cher, selon la hausse ou la baisse du prix des consciences?

Mais est-il permis à des ministres de n'avoir pas étudié les lois qu'ils sont chargés de faire exécuter? S'ils s'étoient un peu plus occupés de celles qui doivent réprimer les délits de la presse, ils auroient vu que la censure n'y étoit placée qu'éventuellement pour un cas si rare, pour un cas si grave, que dans tous les cas ordinaires, l'exercice de cette censure rendoit impraticables quelques articles de ces mêmes lois : tant il avoit été loin de la pensée du législateur de faire de cette censure l'ordre commun, le droit coutumier !

Aux termes de l'article 11 de la loi du 25 mars 1822, j'ai le droit de répondre à tout ce qu'on peut me dire dans un journal : mais si le censeur a permis l'attaque et s'il ne permet pas la défense ; s'il trouve dans ma réponse quelque chose qui mérite d'être marqué du signe de sa proscription, de son encre rouge, voilà donc un article de la loi qui ne sera pas exécuté ? Que ferai-je? poursuivrai-je l'éditeur responsable ? l'éditeur me renverra au censeur, et le censeur au gouvernement. Je ne puis mettre un ministre en cause que par un arrêté du conseil d'État. Il résulte de tout cela que je suis calomnié sans pouvoir confondre la calomnie, que la loi est violée, que je ne puis avoir recours aux tribunaux, lesquels eux-mêmes se trouvent paralysés par l'exercice d'un pouvoir extra-légal en matière judiciaire.

Le fait de la censure est par lui-même destructif de tout gouvernement constitutionnel. Mais outre le *fond*, il y a la *forme*, et la forme est quelque chose entre gens bien élevés, quoiqu'on sache que nous n'y tenons pas beaucoup.

Comme on a été vite, on n'avoit pas eu le temps de nommer une commission ; et comme une vérité pouvoit échapper dans vingt-quatre heures, au grand péril de la monarchie, il a fallu envoyer provisoirement à la police tous les journaux pris en flagrant délit de liberté.

Jugez quel malheur si on les avoit laissés écrire un seul mot contre la mesure de la censure! Ils ont donc été mystérieusement censurés à l'hôtel de la direction de la police : une main invisible, peut-être celle d'un valet-de-chambre, Caton inconnu, a mutilé le soir la pensée du maître qu'il avoit servi le matin, et cela pour la plus grande sûreté des ministres. On ignorera à jamais comment étoit provisoirement composé ce Saint-Office d'espions, chargé de décider de l'orthodoxie des doctrines constitutionnelles.

. Mais encore ici les choses sont-elles légales ?

L'article 1er du Code civil porte : « Les lois seront exécutées dans chaque partie du royaume, du moment où la promulgation pourra en être connue.

» La promulgation faite par le Roi sera réputée connue dans le département de la résidence royale, un jour après celui de la promulgation. »

Or, les journaux ont reçu l'ordre de se soumettre à la censure, douze heures seulement après la publication de l'ordonnance dans le Moniteur.

Et ce censeur qui a signé les premières censures étoit-il légalement connu lorsqu'il a exercé ses fonctions ? L'ordonnance qui le nommoit avoit-elle été communiquée aux journalistes?

Tout cela est très-attaquable devant les tribunaux ; et il n'est pas permis, lorsqu'on est ministre, et surtout lorsqu'on a appartenu à des corps judiciaires, de se montrer aussi despote, aussi ignorant.

Une commission est maintenant ordonnée, sous la présidence du directeur de la police, à l'honneur des lumières et des lettres. On avoit été jusqu'à dire que des hommes choisis dans les deux Chambres législatives composeroient le conseil de censure. Nous eussions plaint la foiblesse de ces hommes honorables : les pairs et les députés sont faits pour être les gardiens et non les geôliers des libertés publiques.

La censure, depuis la restauration, n'a sauvé personne : tous les anciens ministres qui ont voulu l'établir ont péri ; et pourtant ils avoient une sorte d'excuse ; ils étoient plus près de l'événement des cent-jours ; il y avoit des troubles et des conspirations dans l'État : le duc de Berry avoit succombé.

De plus, ces ministres avoient une certaine force : ils appartenoient à un parti ; ils ne s'étoient pas mis en guerre avec toute la société ; ils ne s'étoient pas élevés contre l'autorité des tribunaux. On connoissoit moins le gouvernement représentatif, et par cette raison il étoit plus facile de s'en écarter.

Le ministère actuel ne peut argumenter ni d'une grande catastrophe, ni de l'ignorance des principes de la Charte, mis aujourd'hui à la portée de tous. Il est sans puissance, car il lui a plu de s'isoler de toutes les opinions. Il a renié ses propres doctrines ; et aujourd'hui qu'il établit la censure, pourroit-il relire sans rougir les discours qu'il prononçoit contre la même censure à la tribune ? Sorti des rangs royalistes, il a cessé d'être royaliste. Il n'a pas mieux traité l'antique honneur que la liberté nouvelle : il s'est placé entre deux Frances, dans une troisième France, composée des déserteurs des deux autres, et qui ne durera pas plus que lui.

Pour vivre, il sera forcé de pousser ses systèmes à leurs dernières conséquences. C'est une vérité triviale, qu'une erreur en entraîne une autre. Une vérité moins connue, c'est que le ministère se trompe sur deux qualités de force; il prend la force physique pour la force morale : or, dans la société, la première détruit, la seconde édifie.

Voyez l'enchaînement des choses :

On veut acheter des journaux; on n'y réussit pas complétement. S'arrête-t-on? ce qui valoit mieux. Non : il faut aller devant les tribunaux, où l'on est condamné.

On apporte une loi relative à la fortune publique; elle est rejetée. S'arrête-t-on? ce qui étoit incontestablement plus sage. Avec de la modération, tout pouvoit encore se réparer. L'irritation de la vanité l'emporte : on cherche des victimes, on frappe au hasard, sans s'inquiéter des résultats, sans prévoir l'effet de cette violence sur l'opinion.

L'opinion se prononce. S'arrête-t-on? Non : il faut une nouvelle violence, il faut la censure?

Que le ministère trouve maintenant d'autres résistances, comme il en trouvera indubitablement, il sera contraint de devenir persécuteur. Quand il aura destitué ses adversaires, comblé de faveurs ses créatures, il n'aura rien fait; il faudra qu'il trouve un moyen d'empêcher les écrits non périodiques de paroître, de modifier la jurisprudence des tribunaux, puisqu'il s'en plaint; de ces tribunaux si puissants aujourd'hui par l'injure même qu'on leur a faite, si populaires en devenant les défenseurs de nos libertés.

Qu'imaginera le ministère pour ces Cours de justice, dans le cas où elles continuent, comme elles le feront, à maintenir leur doctrine indépendante? Ces Cours sont établies par des lois ; sans doute on ne songe pas à violer ces lois, et le temps des jugements par commission est passé.

Et à l'égard des Chambres, quel parti prendra-t-on? Comment viendroit-on leur déclarer qu'on a établi la censure, n'ayant d'autre raison à leur donner que celle dont on a eu l'inconcevable naïveté de nous faire part? Oseroit-on leur dire : « Nous avons supprimé la » la liberté de la presse périodique, parce que les » magistrats ont rendu un arrêt qu'ils avoient le droit » de rendre ! »

On fera des pairs, soit : mais ces pairs seront-ils soumis aux caprices des ministres? Cette première magistrature n'est-elle pas aussi indépendante que l'autre? Ces nouveaux pairs viendroient-ils prendre leur siége uniquement pour approuver la censure, ou voter la loi des rentes renouvelée? Je ne vous dis pas que ces créations multipliées dans un intérêt personnel tueroient à la longue l'institution de la pairie : mais songez au moins à votre chute que précipitent tant de mesures funestes.

Et la Chambre des Députés, qu'en fera-t-on? Cette Chambre excellente n'a besoin que d'un peu d'expérience : elle peut revenir formidable pour les ministres : en demandera-t-on la dissolution? Voyez où cela mène ! et frémissez, car je veux bien supposer que vous n'avez pas vu tout cela, que vous aimez encore votre patrie.

La censure, considérée dans ses rapports avec l'état de notre société et de nos institutions, ne peut convenir à personne. Tout au plus charmera-t-elle l'antichambre et les valets qui daigneront nous transmettre dans leurs journaux les ordres de leurs maîtres. Eux seuls jouiront de la liberté, parce qu'on est sûr de leur servitude. Un journal du soir a déjà des priviléges : on lui accorde la faveur qu'on refuse à d'autres, de partir par la poste du jour où il paroît. Si l'on veut prendre quelques nouvelles dans ce journal, on ne le peut pas sans les avoir envoyées à la censure, quoiqu'il faille bien supposer que ces nouvelles aient déjà passé sous les yeux du censeur. Mais l'on permet à l'un ce que l'on ne permet pas à l'autre : ce qui est légal dans *l'Étoile* deviendroit illégal dans *les Débats* ou *la Quotidienne*, dans *le Constitutionnel* ou *le Courrier*. L'impudence de ces petites tyrannies s'explique pourtant : la puissance n'a rien de blessant quand elle marche avec le génie ; elle en est, pour ainsi dire, une qualité naturelle ; mais quand la médiocrité arrive aux premières places, le pouvoir qui l'accompagne a toute l'insolence d'un parvenu.

La liberté que l'on veut comprimer échappera aux mains débiles qui essaieront de la retenir ; elle leur échappe déjà. Voilà les *blancs* [1] revenus dans les journaux ; vous verrez qu'il faudra sévir contre les *blancs* : le délit des pages blanches seroit singulier à porter

---

[1] Je me suis enquis des articles retranchés dans le *Journal des Débats* du mardi 17 août, ce sont : 1º Un second article de la revue de la session, terminant les travaux de la Chambre des Députés.

2º L'annonce de la présente brochure.

3º Quelques lignes sur monseigneur le duc d'Orléans, parlant

devant les tribunaux! Les vexations aux messageries et à la poste ne réussiront pas davantage; quand l'opinion a pris son parti, rien ne l'arrête. La capitale, les provinces, vont être inondées de brochures. Le silence même deviendra une attaque, et le ministère sera accusé par la chose qu'on ne lui dira pas. Hé, grand Dieu! en étions-nous là à l'ouverture de la session?

Lorsque Buonaparte pouvoit faire fusiller en vingt-quatre heures un écrivain, on conçoit qu'il y avoit *répression*. La Terreur aussi étoit répressive; mais le ministère, qui le craint?

Ceux qui bravoient si fièrement l'opinion, pourquoi fuient-ils devant elle? Pourquoi cette censure, si ce n'est la peur de cette opinion qu'ils affectent de mépriser?

Je ne sais si l'on est frappé comme moi; mais il me semble que tout ce que je vois est inexplicable, que cela tient à une espèce de folie. Je conçois des actes, tout bizarres qu'ils puissent être, lorsqu'ils tendent au même but, lorsqu'ils doivent amener un résultat dans l'intérêt de ceux qui les font; mais il m'est impossible de concevoir des hommes qui veulent se sauver et qui font évidemment ce qui les perdra. A quoi bon, je le demande, ces inutiles violences dont nous sommes les témoins depuis quelques mois, cette agitation au milieu du repos, cette soif de la dictature ministérielle quand personne ne dispute le pouvoir? Pourquoi corrompre les journaux, et ensuite les enchaîner lorsque la victoire d'un héritier du trône et la prospérité de la France avoient détruit

de la sensibilité de ce prince lors de la distribution des *accessit* obtenus par M. le duc de Chartes. Voilà les premiers exploits de la censure.

toutes les oppositions révolutionnaires? Ce que le Roi
avoit annoncé en ouvrant la session de 1823, la Pro-
vidence l'avoit permis, et l'armée l'avoit fait. Qui ne
sentoit le sol de la patrie raffermi sous ses pas? qui ne
jouissoit de voir la France remonter à son rang parmi
les puissances de l'Europe?

Quelque chose d'inconnu vient nous enlever sou-
dain nos plus douces espérances. Nous rétrogradons
tout à coup de huit années; nous nous replaçons au
commencement de la restauration; nous nous armons
de nouveau contre les libertés publiques, nous reve-
nons à la censure, en aggravant le mal, par un acte
sans précédent à l'égard des tribunaux. Nous imitons
une conduite que nous avons stigmatisée; nous faisons
des circulaires pour des élections : il nous faudroit des
pairs pour briser une majorité; nous repoussons les
royalistes, et cependant nous nous disons royalistes.
Tout alloit au pouvoir ministériel; tout s'en retire : il
reste isolé, en butte à mille ennemis, supporté seulement par une opinion qu'il dicte, par des journaux
qu'il paie, et des flatteurs qu'il méprise.

Quelquefois on seroit tenté de croire, pour s'expli-
quer des choses inexplicables, ce que disent des esprits
chagrins, savoir : que des sociétés mystérieuses pous-
sent à la destruction de l'ordre établi. Et que mettroit-
on à sa place? l'arbitraire ministériel, le joug de quelques commis? et c'est avec cela qu'on prétendroit mener
la France, contrarier le mouvement de la société et du
siècle !

Non, cela ne seroit pas possible; mais en repoussant
ces craintes, il reste toujours celles qu'inspirent les
fautes dont nous sommes les témoins et les victimes.

En exagérant tout, en forçant tout, en abusant de tout, en gâtant d'avance les institutions, en compromettant les choses les plus sacrées, on détruit pour l'avenir tout moyen de gouvernement, on fatigue les caractères les plus forts, on dégoûte les honnêtes gens : et, entre un despotisme impossible et une liberté impraticable, on se retranche dans cette indifférence politique qui amène la mort de la société, comme l'indifférence religieuse conduit au néant.

Qui produit tant de mal? quel génie funeste, mais puissant, a maîtrisé la fortune de la patrie? Ce n'est point un génie, rien de plus triste que ce qui nous arrive; c'est le triomphe d'un je ne sais quoi indéfinissable, le succès de petits savoir-faire réunis. Deux hommes se collent au pouvoir; et, pour y rester deux jours de plus, ils jouent la longue destinée de la France contre leur avenir d'un moment: voilà tout.

Il faut sortir promptement de la route où l'on s'est jeté, si l'on ne veut arriver à un abîme. On peut disposer de soi, on peut se perdre, si on le juge convenable; mais on ne doit jamais compromettre son pays; or, le ministère ébranle par son système la monarchie légitime : peu importe ses intentions; elles ne répareront pas ses actes.

Le remède est facile si la maladie est prise à temps; en la laissant aller, elle deviendra incurable. Je ne puis développer toute ma pensée dans ce petit écrit, rapide ouvrage de quelques heures, que je publie à la hâte pour l'intérêt de la circonstance. Il m'est dur, déjà avancé dans ma carrière, de rentrer dans des combats qui ont consumé ma vie; mais pair de France, mais investi d'une magistrature, je n'ai pu voir périr une liberté publique, je n'ai pu voir attaquer les tribunaux sans élever la voix, sans prêter mon secours, tout faible qu'il puisse être, à nos institutions menacées. Que le trône de notre sage monarque reste inébranlable ; que la France soit heureuse et libre ! Et quant à ma destinée, comme il plaira à Dieu.

DE L'ABOLITION
DE LA CENSURE.

DE L'ABOLITION
DE LA CENSURE.

Je comptois publier quelques autres écrits faisant suite à ma brochure contre la censure; brochure que cette même censure n'avoit pas permis d'annoncer dans les journaux. Combien je me trouve heureux de voir les armes brisées dans ma main, de changer mes remontrances, importunes aux ministres, en cantiques de louanges pour le Roi !

Nous devions tout attendre du principe de la vieille monarchie, de cet honneur assis sur le trône avec Charles X : notre espérance n'a point été vaine. La censure est abolie : l'honneur nous rend la liberté !

Puisse-t-il être récompensé du bonheur dont il nous fait jouir, notre excellent Monarque ! Mettons aussi nos vœux aux pieds du Dauphin dont nous reconnoissons et la puissante influence et les sentimens généreux : c'est toujours le Prince libérateur !

La Charte est ce qu'il nous falloit; la Charte est ce que nous pouvions avoir de meilleur au moment de la restauration. Une fois admise, il se faut bien persuader qu'elle est inexécutable avec la censure : il y a plus, la censure mêlée à la Charte produiroit tôt ou tard une révolution. Voici pourquoi :

Le gouvernement représentatif sans la liberté de la presse est le pire de tous : mieux vaudroit le divan de Constantinople. Lâche moquerie de ce qu'il y a de plus sacré parmi les hommes, ce gouvernement n'est alors

qu'un gouvernement traître qui vous appelle à la liberté
pour vous perdre, et qui fait de cette liberté un moyen
terrible d'oppression.

Supposez, ce qui n'est pas impossible, qu'un ministère parvienne à corrompre les Chambres législatives;
ces deux énormes machines broieront tout dans leur
mouvement, attirant sous leurs roues et vos enfans et
vos fortunes. Et ne pensez pas qu'il faille un ministère
de génie pour s'emparer ainsi des Chambres : il ne faut
que le silence de la presse et la corruption que ce silence
amène.

Dans l'ancienne monarchie absolue, les corps pri-
vilégiés et la haute magistrature arrêtoient et pouvoient
renverser un ministère dangereux. Avez-vous ces res-
sources dans la monarchie représentative? Si la presse
se tait, qui fera justice d'un ministère appuyé sur la
majorité des deux Chambres? Il opprimera également
et le Roi, et les tribunaux, et la nation : sous le régime
de la censure, il y a deux manières de vous perdre; il
peut, selon le penchant de son système, vous entraîner
à la démocratie ou au despotisme.

Avec la liberté de la presse, ce péril n'existe pas :
cette liberté forme en dehors une opinion nationale
qui remet bientôt les choses dans l'ordre. Si cette
liberté avoit existé sous nos premières assemblées,
Louis XVI n'auroit pas péri; mais alors les écrivains
révolutionnaires parloient seuls, et on envoyoit à l'échafaud les écrivains royalistes. J'ai lu, il est vrai, dans
une brochure en réponse à la mienne, que Sélim, Mus-
tapha et Tipoo-Saeb étoient tombés victimes de la
liberté de la presse : à cela, je ne sais que répondre.

La liberté de la presse est donc le seul contrepoids

des inconvéniens du gouvernement représentatif; car ce gouvernement a ses imperfections comme tous les autres. Par la liberté de la presse, il faut entendre ici la liberté de la presse périodique, puisqu'il est prouvé que quand les journaux sont enchaînés, la presse est dépouillée de cette influence de tous les momens qui lui est nécessaire pour éclairer. Elle n'a jamais fait de mal à la probité et au talent; elle n'est redoutable qu'aux médiocrités et aux mauvaises consciences : or, on ne voit pas trop pourquoi celles-ci exigeroient des ménagemens, et quel droit exclusif elles auroient à la conduite de l'État.

Cette nécessité de la liberté de la presse est d'autant plus grande parmi nous, que nous commençons la carrière constitutionnelle, que nous n'avons point encore d'existences sociales très-décidées, qu'il y a encore beaucoup de chercheurs de fortune, et que les ministres arrivent encore un peu au hasard. Il faut donc surveiller de près, pour le salut de la couronne, les hommes inconnus qui pourroient surgir au pouvoir, par un mouvement non encore régularisé.

On dit que la censure est favorable aux écrivains, qu'elle les décharge de la responsabilité, qu'elle les met à l'abri d'une loi sévère. Est-ce de l'intérêt particulier des écrivains dont il s'agit, relativement à la liberté de la presse dans l'ordre politique? Cette liberté doit être considérée dans cet ordre par rapport aux intérêts généraux, par rapport aux citoyens, par rapport à la société tout entière : c'est une liberté qui assure toutes les autres dans les gouvernemens constitutionnels. Quand donc vous venez nous entretenir d'ouvrages et d'auteurs, vous confondez la littérature

et la politique, la critique et la censure, et vous ne comprenez pas un mot de la chose dont vous parlez.

D'autres, soulevés contre la manière brutale dont on
exerçoit la censure, n'en admettoient pas moins le
principe ; ils auroient établi seulement une oppression
douce et tempérée. On avoit mis la liberté de la presse
au carcan ; ils ne vouloient que l'étrangler avec un
cordon de soie.

D'autres, cherchant des motifs à la censure, et n'en
trouvant pas de raisonnables, prétendoient qu'ayant
peut-être à examiner, à la session prochaine, les moyens
propres à cicatriser les dernières plaies de l'État, la
censure seroit nécessaire, pour empêcher la voix des
passions étrangères de se mêler à la discussion de la
tribune.

Et moi, je demanderai comment on pourroit agiter
de telles questions sans la liberté de la presse : faut-il
se cacher pour être juste ? votre cause ne deviendroit-
elle pas suspecte, ne calomnieroit-on pas vos intentions,
si vous croyiez devoir traiter dans l'ombre et comme à
huis-clos des affaires qui sont de la France entière ?
Ouvrez au contraire toutes les portes ; appelez le public,
comme un grand jury, à la connoissance du procès ;
vous verrez si nous rougirons de plaider la cause de la
fidélité malheureuse, nous qui parlons franchement de
liberté sans que ce mot nous blesse la bouche. Et depuis
quand la religion et la justice auroient-elles cessé d'être
les deux bases de la véritable liberté ? Soyons francs
sur les principes de la Charte, et nous pourrons ré-
clamer, sans qu'on nous suppose d'arrière-pensée, ce
que l'ordre moral et religieux exige impérieusement
d'une société qui veut vivre.

Le dernier essai que l'on vient de faire a heureusement prouvé qu'il n'étoit plus possible d'établir la censure parmi nous; nous avons fait de tels progrès dans
les institutions constitutionnelles, que les censeurs
même n'ont pas osé se nommer. D'un bout de la
France à l'autre, toutes les opinions ont réclamé la
liberté de la presse : par la raison qu'on en avoit joui
paisiblement deux années, et qu'il était démontré,
d'après l'expérience tentée pendant la guerre d'Espagne, que cette liberté ne nuisant à rien, étoit propre à tout : c'étoit un droit acquis dont on ne sentoit
pas le prix tandis qu'on le possédoit; mais dont on a
connu la valeur aussitôt qu'on l'a perdu.

Désormais nos institutions sont à l'abri : nous allons
marcher d'un pas ferme dans des routes battues. Dix
années ont amené de grands changements dans les
esprits : des préjugés se sont effacés, des haines se
sont éteintes; le temps a emporté des hommes, tandis que des générations nouvelles se sont formées sous
nos nouvelles institutions. Chacun prend peu à peu sa
place, et l'on détourne les yeux d'un passé affligeant,
pour les porter sur un riant avenir.

L'abolition de la censure a dans ce moment surtout
un avantage qu'il est essentiel de signaler. Nous pouvons louer nos Princes sans entraves; nous pouvons
déclarer notre pensée, sans que l'on puisse dire que
la manifestation de cette pensée n'est que l'expression
des ordres de la police. Il faut que l'Europe sache que
tout est vrai dans les sentiments de la France, que
les opinions sont unanimes, que les oppositions même
se rencontrent au pied du trône pour l'appuyer et le
bénir. Louis XVIII étend ses bienfaits sur nous au-

delà de sa vie : il termina la révolution par la Charte ;
il reprit le pouvoir par la guerre d'Espagne ; et sa
mort, objet de si justes regrets, a pourtant consolidé
la restauration, en mettant un règne entre les temps
de l'usurpation et l'avènement de Charles X.

Depuis un mois, cette restauration a avancé d'un
siècle ; la monarchie a fait un pas de géant. Quel
triomphe complet de la légitimité, et de ce qu'il y a
d'excellent dans ce système ! Un Roi meurt, le premier Roi légitime qui s'étoit assis sur le trône, après
une révolution de trente années. Ce Roi gouverne
avec sagesse ; mais ceux qui ne comprenoient pas la
force de la légitimité, mais les passions comprimées,
mais les vanités déçues, mais les ambitions secrètes,
mais les intérêts, les jalousies politiques murmuroient
tout bas : « Cet état de choses pourra durer pendant
» la vie de Louis XVIII ; mais vous verrez au change-
» ment de règne. »

Hé bien, *nous avons vu!* nous avons vu un frère
succéder à un frère ; de même qu'un fils remplace un
père dans le plus tranquille héritage. A peine s'aperçoit-
on qu'on a changé de souverain. Un des plus grands évé-
nements dans les circonstances actuelles s'accomplit
avec la plus grande simplicité. Comme dans une succession ordinaire, on lève les scellés : ce n'est rien ; ce
n'est que la couronne de France qui passe d'une tête
à une autre! ce n'est que le sceptre de saint Louis que
Charles X prend au foyer de Louis XVIII !

Entend-on parler de quelque réclamation? Où sont
les prétendants de la République et de l'Empire? Est-il
dans le monde une puissance qui ait envie de con-
tester le trône au nouveau Roi? A-t-il fallu des hérauts

d'armes, des bruits de tambours et de trompettes, des
parades et des jongleries, un développement imposant
de la force militaire, pour dérober à la foule ébahie ce
que le droit d'un usurpateur a de douteux? Nullement.
LE ROI EST MORT : VIVE LE ROI! Voilà tout, et chacun
vaque à ses affaires l'esprit libre, le cœur content,
sans craindre l'avenir, sans demander : « Qu'arrivera-
t-il demain? » Le pouvoir protecteur, la puissance politique n'a point péri, la société est en sûreté; et la
succession légitime de la Famille royale garantit à
chaque famille, en particulier, sa succession légitime.

Que sont devenues toutes ces allusions, pour le
moins téméraires, au sort d'un prince étranger? où
trouver la moindre ressemblance dans les choses, les
temps et les souverains? Ces mouvements d'humeur
que l'on prenoit pour des intuitions de la vérité, pour
des enseignements historiques, s'évanouissent devant
les faits et les vertus, et jamais les vertus ne furent
plus évidentes, et les faits plus décisifs.

Si la royauté triomphe, le Roi ne triomphe pas
moins. Charles X s'est élevé au niveau de sa fortune;
il a montré qu'il connoissoit les mœurs de son siècle,
qu'il prenoit la monarchie telle que le temps et les
révolutions l'ont faite. Il a dit aux magistrats de continuer à être justes et à prononcer avec impartialité; il
a dit aux pairs et aux députés qu'il maintiendroit
comme Roi la Charte qu'il avoit jurée comme sujet,
et il a tenu sa parole, et il nous a rendu la plus pré-
cieuse de nos libertés; il a dit aux Français de la con-
fession protestante que sa bienveillance s'étendoit
également sur tous ses sujets; il a dit aux ministres
du culte catholique qu'il protégeroit de tout son pou-

voir la religion de l'État, la religion, fondement de
toute société humaine; il a recommandé cette même
religion comme base de l'éducation publique. Toutes
ces paroles, qui sont de véritables actes politiques, ont
enchanté la nation. Charles X peut se vanter d'être
aujourd'hui aussi puissant que Louis XIV, d'être obéi
avec autant de zèle et de rapidité que le souverain le
plus absolu de l'Europe.

Pour savoir où nous en sommes de la monarchie,
il faut avoir vu le Monarque se rendant à Notre-Dame;
tout un grand peuple, malgré l'inclémence du temps,
saluant avec transport ce *Roi à cheval*, qui s'avançoit lui-
même au-devant de ses plus pauvres sujets pour prendre
de leurs mains leurs pétitions avec cet air qui n'appar-
tient qu'à lui seul; il faut l'avoir vu au Champ-de-Mars
au milieu de la garde nationale, de la garde royale et
de trois cent mille spectateurs : jour de puissance et
de liberté qui montroit la couronne dans toute sa
force, et qui rendoit à l'opinion ses organes et son
indépendance. Un Roi est bien placé au milieu de ses
soldats, quand il départ à ses peuples tout ce qui
contribue à la dignité de l'homme! l'épée est pour lui :
elle pourroit tout détruire, et il ne s'en sert que pour
conserver! Aussi l'enthousiasme n'étoit pas feint : ce
n'étoient pas de ces cris qui expirent sur les lèvres
du mendiant payé, chargé sous les tyrans d'exprimer
la joie, ou plutôt la tristesse publique; c'étoient des
cris qui sortent du fond de la poitrine, de cet endroit
où bat le cœur avec force, quand il est ému par
l'amour et la reconnoissance.

Ceux qui ont connu d'autres temps se rappeloient
une fête bien différente au Champ-de-Mars : la mo-

narchie finissoit alors ; aujourd'hui elle recommence.
Est-ce bien là le même peuple? Oui, c'est le même ;
mais le peuple guéri, le peuple désabusé. Il avoit
cherché la liberté à travers des calamités inouies, et
il n'avoit rencontré que la gloire : ses Princes légitimes devoient seuls lui donner le bien que des tri-
buns factieux et un despote militaire lui avoient déri-
soirement promis.

Si les bénédictions du peuple, comme il n'en faut
pas douter, attirent celles du Ciel, elles ont descendu
sur la tête du Souverain et de la Famille royale. Jamais
la France n'a été plus heureuse, plus glorieuse et plus
libre que dans ce jour mémorable. Mais à la vue de
cette Famille en deuil au milieu de tant d'allégresse, la
pensée se tournoit avec attendrissement vers cet autre
Monarque qui n'est pas encore descendu dans la tombe ;
l'aspect d'une multitude affranchie de tout esclavage,
et protégée par de généreuses institutions, rappeloit
encore le souvenir de l'auguste auteur de la Charte.
Quel pays que cette France! les villes apportent leurs
clefs au lit funèbre de ses généraux, et les peuples
rendent hommage de leur liberté au cercueil de ses
Rois !

www.ingramcontent.com/pod-product-compliance
Lightning Source LLC
Chambersburg PA
CBHW060638100426
42744CB00008B/1683